新装版

カンタ

CD 2枚付
音声ダウンロード付

あいさつから日常会話まで

瞬時に話せる
英会話

すぐに使える
800
フレーズ

大特訓

英語がみるみる話せる和英作文トレーニング

山崎祐一
Yamasaki Yuichi

Jリサーチ出版

はじめに

　「先生、英語はどうやったら話せるようになりますか」──大学生や社会人の方々からよく聞かれる質問です。英語は中学校から大学まで、長い間、勉強してきたけれども、うまく英語が話せない。英語を話せるようになりたい！　これは昔から変わらない日本人の永遠のテーマです。

　この本はそんな学習者がだれでも「英会話上手」になれる1冊です。

◆「英会話の九九」から始めよう

　英会話の第一歩は、まず1語から3語程度で言い表せるショートフレーズを話せるようになることです。あいさつやお礼など、目的・場面・状況に応じて簡単に言える定型表現からスタートしましょう。覚えやすくて、口慣らしにもぴったりです。

　例えば、相手を励ますときの「がんばって!」は英語で何と言ったらいいでしょうか。これは、たった2語でGood luck!と言います。

　「お先にどうぞ」と人を先に通してあげるときは、Go ahead.と、これも2語フレーズです。こうした基本フレーズは「英会話の九九」とも言えるもので、英語を話す土台になります。

◆「言いたいこと」を英語にしてみよう

　言いたいことがあってそれを言葉にするのが会話ですが、これが英語となるとなかなかうまくいかないものです。少し慣れた人でも、英語がとっさに出てこないもどかしさを感じたことがあるはずです。

　この本では、「頭の中にある言いたいこと＝日本語フレーズ」をすばやく「英語フレーズ」に変換して話す練習をします。最初は上手にできなくても、繰り返して練習していくうちに、変換しなくてもそのまま英語が口を

ついて出てくるようになります。

◆「リピート練習」で英語が口をついて出る

　英語はスポーツや音楽に似ています。「話す力」をつけるには、「集中して繰り返す」ことが必須です。また、「自分で声に出して話す」ことも大切です。音読なしに英会話の上達はありえません。

　付属のCDまたはダウンロード音声を利用して、ネイティブスピーカーが話すフレーズを何度も繰り返し聞いて、声に出してリピート練習しましょう。

◆ 3つのステップで「英語を話せる」ゴールへ

　本書は、第1章で「あいさつ」「お礼」「お詫び」などの「定型フレーズ」、第2章で中学英文法を使った「文法活用フレーズ」、第3章で「食事」「ショッピング」「観光」「ビジネス」などの「日常会話フレーズ」の3つのステップで学ぶことができます。基礎から応用へとステップアップしながら、「英語を話す力」が自然に身につくように工夫されています。

　日常英会話はこの1冊で大丈夫です。留学をしなくても、外国に住んでいなくても、正しい方法で学べば「英語を話す力」を身につけることができるのです。

　さあ、今すぐ英会話の第一歩をスタートしましょう。

山崎 祐一

CONTENTS

中学英文法を英会話に生かす

第2章　文法活用フレーズ

第3章　日常会話フレーズ

生活シーンで大活躍する

英会話上手になる３つのステップ

STEP 1
定型
フレーズ

あいさつや簡単な
ショートフレーズ
から始めよう

STEP 2
文法活用
フレーズ

中学英文法は
英語を話す
基礎になる

STEP 3
日常会話
フレーズ

STEP 1と2を
応用して生活場面
の会話を楽しもう

STEP 1 シンプルな「定型フレーズ」からスタートしよう（第1章）

「どうやったら英会話ができるようになるのですか」とよく聞かれます。私はいつも「複雑な会話表現に入る前に、1語から3語くらいで言い表せるショートフレーズや簡単に言える定型表現をまず覚えましょう」と答えます。

基本表現を覚えておくと、英語が自然に口をついて出るようになります。定型フレーズを覚えることが、応用的な英会話へとつながっていくのです。これは私の実体験から自信を持って言えることです。

STEP 2 「文法活用フレーズ」で中学英文法を使いこなす（第2章）

「日本人は文法ばかりやっているから、いつまでも英語が話せないんだ」という話をよく耳にしませんか。しかし、会話文を自分でつくるには、文を組み立てる基本ルール、すなわち文法を知っておかなければなりません。

英語は外国語ですから、文法を意識的に頭に入れる必要があります。10の文法を知れば、それを応用して会話表現力は20にも30にも広がります。

STEP 3 「日常会話フレーズ」は生活シーンで大活躍する（第3章）

私たちが英語を話すのは日常生活のさまざまな場面です。「定型フレーズ」と「文法活用フレーズ」を日常生活の場面に応用してみましょう。日常生活の場面は、「家族と話す」「電話で話す」「食事をする」「ショッピングをする」「オフィスで話す」など、だれでも遭遇する典型的なシーンを選びました。

英会話大特訓の練習法

各UNITとも左のページに日本語、右のページに英語フレーズが並んでいます。次の練習法に従って進めましょう。

▶▶▶ 練習①

日本語ページのヒントや英語キーワード（赤字）を参考にしながら、まずゆっくりと自力で日本語に合った英語を言ってみましょう。そして、答え合わせをして、英語を音読しましょう。とにかく音読が基本で、音読なくして英会話の上達はありえません！

▶▶▶ 練習②

日本語を目隠しシートで隠し、英語フレーズを見ながら音声を聞いてみましょう。文字を目で追いながら、音のつながりやイントネーションなどを注意深く聞き、日本語でどういう意味になるのか確認しましょう。

▶▶▶ 練習③

英語フレーズも日本語も見ずに音声を聞いてみましょう。聞きながら声に出してリピートしてみましょう。リスニングは受身的な活動に思えますが、実はとてもアクティブな行為です。集中して積極的に聞いていく姿勢が大切です。どうしても聞き取れない場合は、無理をせず英語フレーズを見てみましょう。そしてまた見ずに聞いてみます。この繰り返しが英会話上達には必須です。

▶▶▶ 練習④

最後に英語フレーズを目隠しシートで隠し、日本語を見て、英語が即座に言えるかどうかを確認します。忘れていたら無理をせずにもう一度英語フレーズを見てみましょう。そして、また見ずにトライしましょう。

本書の利用法

「定型フレーズ」、「文法活用フレーズ」、「日常会話フレーズ」と無理なく段階を踏んで学習できるように構成されています。キーワードやヒントも参考にして、楽しく会話練習を進めましょう。

●UNITのテーマを示します。第1章「定型フレーズ」、第2章「文法活用フレーズ」、第3章「日常会話フレーズ」の各項目でトレーニングします。

●英語にすべき日本語です。下に簡単なヒントを示します。

●日本語を英語にする際に使うキーワードを示します。

UNIT 3

心が通じ合う
2語フレーズ

▶▶▶▶ 簡単な2語で相手の心をゲット！ 知っている単語の組み合わせで日常会話ではいろいろなことを言うことができます。

□ 1 **気をつけて！** ○ Watch ____ !
　　　📖「外を見なさい」という文になります。

□ 2 **分かりました。** ○ Got ____ .
　　　📖「それを（頭の中に）ゲットした」ということです。

□ 3 **どおりで。** ○ No ____ .
　　　📖「不思議はない」、つまり「理解できる」→「どおりで」となります。

□ 4 **もちろんです。** ○ Why ____ ?
　　　📖「なぜだめなことがありましょうか。もちろんいいですよ」と考えます。

□ 5 **できた！** ○ All ____ !
　　　📖「すべてセットされました」＝「準備完了」、「できた」ということですね。

□ 6 **どういたしまして。** ○ My ____ .
　　　📖「（そのようにしたことは）私の喜びです」と考えます。

□ 7 **お大事に。** ○ Bless ____ .
　　　📖あなたに「神のご加護がある (bless)」ように、ということです。

□ 8 **どうしたの？** ○ What's ____ ?
　　　📖 right（正しい）の反意語を使い、「何が間違っているの？」という文にします。

□ 9 **気にしないで。** ○ ____ mind .
　　　📖 mindは「気にする」ですから、その前に否定の言葉を使います。

18

10

［CD・ダウンロード音声の使い方］

●左ページの「日本語」と右ページの「英語フレーズ」がどちらも収録されています。

●「日本語」→（ポーズ）→「英語フレーズ」の順番で録音されているので、日本語の後に自分で声に出して英語を言う練習ができます。

「どういたしまして」→（ポーズ）→ My pleasure.

▲ ここで英語を言ってみましょう。

●何回学習したかをチェックしましょう。

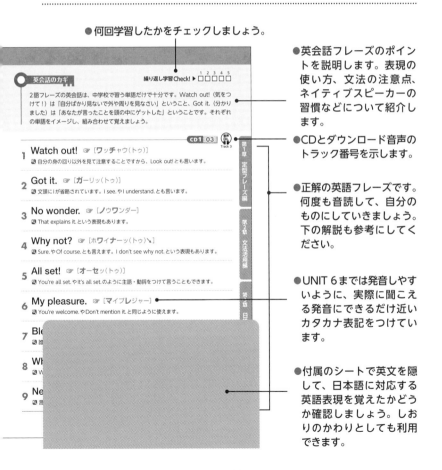

英会話のカギ

繰り返し学習Check！▶ □□□□□ 1 2 3 4 5

2語フレーズの英会話は、中学校で習う単語だけで十分です。Watch out!（気をつけて！）は「自分ばかり見ないで外や周りを見なさい」ということ、Got it.（分かりました）は「あなたが言ったことを頭の中にゲットした」ということです。それぞれの単語をイメージし、組み合わせて覚えましょう。

CD1 03 Track 3

1 **Watch out!** ☞ ［ワッチャウ（トゥ）］
🔊 自分の身の回り以外を見て注意することですから、Look out! とも言います。

2 **Got it.** ☞ ［ガーリッ（トゥ）］
🔊 文頭に I が省略されています。I see. や I understand. とも言います。

3 **No wonder.** ☞ ［ノウワンダー］
🔊 That explains it. という表現もあります。

4 **Why not?** ☞ ［ホワイナーッ（トゥ）↘］
🔊 Sure. や Of course. とも言えます。I don't see why not. という表現もあります。

5 **All set!** ☞ ［オーセッ（トゥ）］
🔊 You're all set. や It's all set. のように主語・動詞をつけて言うこともできます。

6 **My pleasure.** ☞ ［マイプレジャー］
🔊 You're welcome. や Don't mention it. と同じように使えます。

7 Ble

8 Wh

9 Ne

●英会話フレーズのポイントを説明します。表現の使い方、文法の注意点、ネイティブスピーカーの習慣などについて紹介します。

●CDとダウンロード音声のトラック番号を示します。

●正解の英語フレーズです。何度も音読して、自分のものにしていきましょう。下の解説も参考にしてください。

●UNIT 6までは発音しやすいように、実際に聞こえる発音にできるだけ近いカタカナ表記をつけています。

●付属のシートで英文を隠して、日本語に対応する英語表現を覚えたかどうか確認しましょう。しおりのかわりとしても利用できます。

11

音声ダウンロードのしかた

STEP 1 商品ページにアクセス！ 方法は次の3通り！

① QRコードを読み取ってアクセス。

② https://www.jresearch.co.jp/book/b619051.html を
入力してアクセス。

③ Jリサーチ出版のホームページ（https://www.jresearch.co.jp/）
にアクセスして、「キーワード」に書籍名を入れて検索。

STEP 2 ページ内にある「音声ダウンロード」
ボタンをクリック！

STEP 3 ユーザー名「1001」、パスワード「25892」を入力！

STEP 4 音声の利用方法は2通り！
学習スタイルに合わせた方法でお聴きください！

1
「音声ファイル一括ダウンロード」より、
ファイルをダウンロードして聴く。

2
▶ボタンを押して、その場で再生して
聴く。

※ダウンロードした音声ファイルは、パソコン・スマートフォンなどでお聴きいただくこと
ができます。一括ダウンロードの音声ファイルは .zip 形式で圧縮してあります。解凍
してご利用ください。ファイルの解凍が上手く出来ない場合は、直接の音声再生も可
能です。

音声ダウンロードについてのお問合せ先：
toiawase@jresearch.co.jp （受付時間：平日9時〜18時）

第1章

だれでもシンプルに話せる
定型フレーズ

1 ～ 3語のフレーズから短い会話表現まで、英会話の
基礎になるショートフレーズを練習します。

CD1 01 ▶ **CD1** 30

ダウンロード音声 🎧 Track 1 ▶ Track 30

〈練習のしかた〉

練習① 左ページの日本語をヒントに、右ページの英語フレーズを言ってみましょう。
練習② 英語フレーズを見ながら、音声を聞いてみましょう。
練習③ 英語の音声だけを聞いてみましょう。自分でもリピートしましょう。
練習④ 日本語だけを見て、英語フレーズを言ってみましょう。

ズバリ気持ちを伝える
1語フレーズ

▶▶▶▶ 1語で「ズバリ」相手に気持ちを伝える表現。単純明快！　コミュニケーションのクッション となり、会話がスムーズに流れます。

□ 1 **おっしゃる通りです。** 🔊 E _ _ _ _ _ _ .
　　　 💬「正確に」という副詞を使います。

□ 2 **いいですよ。** 🔊 S _ _ _ .
　　　 💬「確信して」という形容詞を使います。

□ 3 **おめでとう！** 🔊 C _ _ _ _ _ _ _ _ _ _ _ _ s!
　　　 💬 最後に複数形のsをつけるのがポイントです。

□ 4 **いいね。** 🔊 C _ _ _ .
　　　 💬「涼しい」という形容詞を使います。

□ 5 **ごめん。** 🔊 S _ _ _ _ .
　　　 💬 I'mが省かれた形です。

□ 6 **そうです。** 🔊 R _ _ _ _ .
　　　 💬「正しい」という形容詞を使います。「右」や「権利」と同じ単語です。

□ 7 **ありがとう。** 🔊 T _ _ _ _ _ .
　　　 💬 Thank you. を1語で言うと？

□ 8 **いつでもどうぞ。** 🔊 A _ _ _ _ _ _ .
　　　 💬「何でも」という形容詞と「時間」という名詞の組み合わせです。

□ 9 **かしこまりました。** 🔊 C _ _ _ _ _ _ _ _ .
　　　 💬「確かに」という副詞を使います。

繰り返し学習Check! ▶ 1 2 3 4 5 ☐☐☐☐☐

CD1 01
Track 1

第1章 定型フレーズ編

第2章 文法活用編

第3章 日常会話編

1 Exactly. ☞[イグ**ザー**ク(トゥ)リー]

🔍 相手が言ったことに100％同意するときに使います。

2 Sure. ☞[**ショ**ーァ]

🔍 依頼されたことに対し、軽く承諾する言い方です。

3 Congratulations! ☞[クングラッチュ**レ**イシュンズ]

🔍 祝福するときのひと言。「〜おめでとう」はCongratulations on 〜 .です。

4 Cool. ☞[**ク**ーォ]

🔍「イケてる」とか「すてき」というイメージ。neatやniceも同様に使えます。

5 Sorry. ☞[**サ**ーリー]

🔍 I'm sorry.のくだけた言い方です。相手に失礼にならないように注意しましょう。

6 Right. ☞[**ラ**イ(トゥ)]

🔍 That's right.やYou're right.の主語と動詞を省いた言い方です。

7 Thanks. ☞[ス**ァ**ンクス]

🔍 Thank you.とほぼ同じですが、多少くだけた言い方なので使い方に注意しましょう。

8 Anytime. ☞[**エ**ニタイム]

🔍 誰かを手伝ったり、物を貸してあげてThank you.と言われた後に使います。

9 Certainly. ☞[**サ**ー(トゥ)ンリー]

🔍 お客さんに対する丁寧な返事です。Very good.とも言います。

強い気持ちを伝える
1語フレーズ

▶▶▶▶ 1語で自分の気持ちを強調する表現もたくさんあります。たったひと言で多彩な感情表現ができ、会話に弾みをつけます。

☐ **1** **必ずそうするよ！** ○ A _ _ _ _ _ _ _ _ _!

◉「絶対に」という副詞を使います。

☐ **2** **それはすごい！** ○ A _ _ _ _ _ _!

◉ もともとは「恐ろしい」という意味です。

☐ **3** **そんなばかな！** ○ I _ _ _ _ _ _ _ _ _!

◉「不可能な」という形容詞を使います。

☐ **4** **しまった！** ○ S _ _ _ _!

◉「射撃」と同じ名詞です。

☐ **5** **もちろん！** ○ D _ _ _ _ _ _ _ _ _!

◉「明確に」とか「はっきりと」という副詞を使います。

☐ **6** **うわ～！** ○ G _ _!

◉ もともとは Jesus（キリスト）から来ています。

☐ **7** **最高！** ○ E _ _ _ _ _ _ _ _!

◉「優秀な」という形容詞を使います。

☐ **8** **本当ですか？** ○ R _ _ _ _ _?

◉「本当に」という副詞を使います。

☐ **9** **惜しい！** ○ A _ _ _ _ _!

◉「ほとんど」という副詞を使います。

会話の相手に対して自分の感情をしっかり伝えるには、瞬時のひと言表現は効果抜群です。例えば、相手にDefinitely!（もちろん！）と言って同意したり、Almost!（惜しい！）と言って相手を励ます表現があります。1語で感情を表すので、発音の強弱がとても重要です。

CD1 02
Track 2

1 Absolutely! ☞ [アブソ**ルー**ッ（トゥ）リー]
🔖 「まったくその通りです」という意味でも使います。

---

2 Awesome! ☞ [**オー**サム]
🔖 相手の言ったことに感動するときのひと言です。

---

3 Impossible! ☞ [イン**パ**ッスィボォ]
🔖 「そんなことはありえないだろう！」という驚愕の気持ちを表します。

---

4 Shoot! ☞ [**シュー**ッ（トゥ）]
🔖 何かをしくじったときの表現です。「くそ～！（Shit!）」の間接的な言葉です。

---

5 Definitely! ☞ [**デ**フィニッ（トゥ）リー]
🔖 相手が言ったことに対し、強い肯定を表します。

---

6 Gee! ☞ [**ジー**]
🔖 Jesus!（たいへんだ！）と同じように驚きを表します。

---

7 Excellent! ☞ [**エ**クセレン（トゥ）]
🔖 Good!よりもさらに強い褒め言葉で、人や状況などに使います。

---

8 Really? ☞ [**リー**リ↗]
🔖 驚いたときは通常上げ調子で、確認の意味では下げ調子で発音します。

---

9 Almost! ☞ [オーォ**モ**ウス（トゥ）]
🔖 「ほとんどできていたのに残念！」という感情を表します。

UNIT 3

心が通じ合う
2語フレーズ

▶▶▶▶ 簡単な2語で相手の心をゲット！　知っている単語の組み合わせで日常会話ではいろいろなことを言うことができます。

□ 1　**気をつけて！**　● Watch _____ !

◎「外を見なさい」という文になります。

□ 2　**分かりました。**　● Got _____ .

◎「それを（頭の中に）ゲットした」ということです。

□ 3　**どおりで。**　● No _____ .

◎「不思議はない」、つまり「理解できる」→「どおりで」となります。

□ 4　**もちろんです。**　● Why _____ ?

◎「なぜだめなことがありましょうか。もちろんいいですよ」と考えます。

□ 5　**できた！**　● All _____ !

◎「すべてセットされました」＝「準備完了」、「できた」ということですね。

□ 6　**どういたしまして。**　● My _____ .

◎「（そのようにしたことは）私の喜びです」と考えます。

□ 7　**お大事に。**　● Bless _____ .

◎あなたに「神のご加護がある（bless）」ように、ということです。

□ 8　**どうしたの？**　● What's _____ ?

◎right（正しい）の反意語を使い、「何が間違っているの？」という文にします。

□ 9　**気にしないで。**　● _____ mind .

◎mindは「気にする」ですから、その前に否定の言葉を使います。

英会話のカギ

繰り返し学習Check! ▶ 1 2 3 4 5 □□□□□

2語フレーズの英会話は、中学校で習う単語だけで十分です。Watch out!（気をつけて！）は「自分ばかり見ないで外や周りを見なさい」ということ、Got it.（分かりました）は「あなたが言ったことを頭の中にゲットした」ということです。それぞれの単語をイメージし、組み合わせて覚えましょう。

CD1 03 音声DL Track 3

1 Watch out! ☞ ［ワッチャウ（トゥ）］

🔍 自分の身の回り以外を見て注意することですから、Look out!とも言います。

2 Got it. ☞ ［ガーリッ（トゥ）］

🔍 文頭にIが省略されています。I see.やI understand.とも言います。

3 No wonder. ☞ ［ノウワンダー］

🔍 That explains it.という表現もあります。

4 Why not? ☞ ［ホワイナーッ（トゥ）↘］

🔍 Sure.やOf course.とも言えます。I don't see why not.という表現もあります。

5 All set! ☞ ［オーセッ（トゥ）］

🔍 You're all set.やIt's all set.のように主語・動詞をつけて言うこともできます。

6 My pleasure. ☞ ［マイプレジャー］

🔍 You're welcome.やDon't mention it.と同じように使えます。

7 Bless you. ☞ ［ブレッシュー］

🔍 誰かがくしゃみをしたときに言ってあげる言葉です。

8 What's wrong? ☞ ［ホワッツローン↘］

🔍 What's the matter?（何が問題なの？）と言うこともできます。

9 Never mind. ☞ ［ネヴァマイン（ドゥ）］

🔍 言い方によってはそっけなく聞こえるので注意。Don't mind.とは言いません。

第1章 定型フレーズ編

第2章 文法活用編

第3章 日常会話編

便利に使い回せる
2語フレーズ

▶▶▶▶ 2語フレーズの代表的なものをもう少し覚えましょう。簡単な単語でこんなにいろいろなことが言えるのだと実感してください。

□ **1** **誰にも分からないよ。**　● Who _____ ?

🔎 「知っている」という動詞を使います。

□ **2** **がんばって！**　● Good _____ !

🔎 「運」という名詞が入ります。

□ **3** **絶対ムリ！**　● No _____ !

🔎 「道」、「方法」という名詞を使います。

□ **4** **それは残念。**　● Too _____ .

🔎 結果は「悪すぎる」と考えます。

□ **5** **ほとんどね。**　● Just _____ .

🔎 「およそ」という副詞を使います。

□ **6** **それはいいですね。**　● Sounds _____ .

🔎 あなたが提案したことは「よく聞こえる」となります。

□ **7** **どうぞお先に。**　● Go _____ .

🔎 「先に」という「頭 (head)」に似た副詞が入ります。

□ **8** **それほどでもないです。**　● Not _____ .

🔎 「本当に」、「現実的に」という副詞を使います。

□ **9** **賛成！**　● I _____ !

🔎 「同意する」という動詞を使います。

英会話のカギ

繰り返し学習Check! ▶ 1 2 3 4 5 □□□□□

2語に分けずにひとかたまりの表現としてとらえます。その場合、音をつないで発音するコツをつかむことが重要です。例えば、Good luck!は [グッド・ラック] ではなく [グッラック]、Just about.は [ジャスト・アバウト] ではなく [ジャスタバウッ] と発音しましょう。

CD1 04

1 Who knows? ☞ [フーノウズ↘]

🔊 「誰が知ろうか。誰にも分からない」ということ。Nobody knows.と同じです。

2 Good luck! ☞ [グッ(ドゥ)ラック]

🔊 「あなたに幸運がありますように！」と相手を励ます言い方です。

3 No way! ☞ [ノウウェーイ]

🔊 相手の提案を強く断る言い方。ぶっきらぼうに聞こえることもあるので注意しましょう。

4 Too bad. ☞ [トゥーバー(ドゥ)]

🔊 がっかりしたときや相手を慰めるときに使う表現です。

5 Just about. ☞ [ジャスタバウッ(トゥ)]

🔊 almost（ほとんど）のくだけた言い方です。

6 Sounds good. ☞ [サウンズグッ(ドゥ)]

🔊 文頭にItが省略されています。Good idea.と言うこともできます。

7 Go ahead. ☞ [ゴウアヘッ(ドゥ)]

🔊 人を先に行かせてあげたり、人に先に何かをさせてあげたりするときに使います。

8 Not really. ☞ [ナッリーリ]

🔊 「それは現実とは違います」のように相手が言ったことを否定する表現です。

9 I agree! ☞ [アイアグリー]

🔊 相手の意見に積極的に同意するときの表現です。

多彩なやりとりができる
3語フレーズ

▶▶▶▶ 3語になると表現力はさらに広がります！ 簡単な単語を並べるだけで多彩なコミュニケーションが可能になります。

□ 1 **ゆっくりでいいですよ。** ○ Take your _____ .
@ 「ゆっくり時間を取りなさい」という文になります。

□ 2 **本気です。** ○ I _____ it.
@ 「意味する」という動詞を使います。

□ 3 **どうぞお入りください。** ○ Come on _____ .
@ 「中に」という副詞を使います。

□ 4 **じゃ、またあとで。** ○ See you _____ .
@ late の比較級を使います。

□ 5 **そうですねえ…。** ○ Let me _____ …
@ 「見る」という動詞を使います。

□ 6 **そこまでおっしゃるなら。** ○ If you _____ .
@ 「主張する」、「強く言い張る」という動詞を使います。

□ 7 **だめじゃな～い。** ○ Shame _____ you.
@ 「上に」という前置詞を使います。

□ 8 **無理しないようにね。** ○ Take it _____ .
@ 「簡単な」という形容詞を使います。

□ 9 **おっしゃる通りにします。** ○ Whatever you _____ .
@ 「言う」という動詞を使います。

英会話のカギ

3語でも続けて発音すると1つの言葉に聞こえることがあります。カタカナ表記を参考にして音のつながりに慣れましょう。例えば、Come on in.は［カマンニーン］、Take it easy.は［テイキリーズィー］となります。「言えるようになれば聞くこともできる！」というのが英会話・リスニングの基本のメカニズムです。

CD1 05

音声 DL Track 5

1 **Take your time.** ☞ ［**テイキョータイム**］

🔍「時間を取って、あわてなくてもいいですよ」と一声かけてあげる言い方です。

2 **I mean it.** ☞ ［アイ**ミー**ニッ（トゥ）］

🔍「私は自分が言ったこと（it）そのものを意味します」ということです。

3 **Come on in.** ☞ ［**カ**マン**ニーン**］

🔍 誰かがドアをノックしたとき、部屋に招き入れるときの表現です。

4 **See you later.** ☞ ［**スィー**ユー**レイラ**］

🔍「またその辺りでお会いするかもしれませんね」はSee you around.です。

5 **Let me see...** ☞ ［**レッ**（トゥ）**ミースィ**ー］

🔍 答えに詰まって少し考えるときの沈黙を埋める表現です。Let's see.でもOK。

6 **If you insist.** ☞ ［イフューイン**スィ**ス（トゥ）］

🔍 相手の強い申し出に対し、こちらが折れるときの表現です。

7 **Shame on you.** ☞ ［**シェイ**マン**ニュー**］

🔍 笑って言うと冗談に聞こえますが、強く言うとしかっているように聞こえます。

8 **Take it easy.** ☞ ［**テイキリ**ーズィー］

🔍 別れのあいさつのひとつです。Take care.とも言います。

9 **Whatever you say.** ☞ ［ホ**ワ**レヴァユー**セイ**］

🔍 相手の言うことに100％従うことを伝える表現です。

UNIT 6

生活を豊かにする
3語フレーズ

▶▶▶▶▶ どの表現も覚えておいて損のないものばかり。口をついて出るようにしておけば、生活のさまざまな場面でそのまま使えます。

□ 1 **よくやった！** ▷ _____ for you!
🔎 「よい」という形容詞を使います。

□ 2 **念のために。** ▷ Just in _____ .
🔎 「場合」という名詞を使います。

□ 3 **そうしようか。** ▷ _____ as well.
🔎 mayの過去形を使います。

□ 4 **とんでもないです。** ▷ _____ at all.
🔎 「いいえ、全然」という意味になるように否定語を用います。

□ 5 **場合によります。** ▷ It all _____ .
🔎 「～による」、つまり「依存する」という動詞を使います。

□ 6 **人のことは言えないでしょう。** ▷ You should _____ .
🔎 「話す」という動詞を使います。

□ 7 **残念です！** ▷ What a _____ !
🔎 「恥」という名詞を使います。

□ 8 **やめてよ！** ▷ _____ it out!
🔎 「切る」という動詞を使います。

□ 9 **あなたが決めてください。** ▷ You _____ it.
🔎 「名づける」という動詞を使います。

英会話のカギ

繰り返し学習Check! ▶ 1 2 3 4 5 ☐☐☐☐☐

リスニングが難しい理由に、「日本語に訳してしまうこと」と「スピードについて行けないこと」の2つがあります。例えば、Good for you.は「相手を褒めるとき」、What a shame!は「落胆を強調するとき」というように、訳よりもそれぞれのイメージを大切にしましょう。リズムに乗って音読するとさらに効果的です。

CD1 06

1 Good for you! ☞［**グ**ッ（ドゥ）ファ**ユー**］

🔍 相手の行為を褒めるときによく使います。

2 Just in case. ☞［**ジャ**スティン**ケ**イス］

🔍 Just in case it rains.と言うと「雨が降った場合のために」となります。

3 Might as well. ☞［**マ**イラズ**ウェ**オ］

🔍「せっかくだからそうしよう」と相手の提案に同意する表現です。

4 Not at all. ☞［**ナ**ーラ**ロ**ォ］

🔍 You're welcome.（どういたしまして）と同じように使います。

5 It all depends. ☞［**イ**ロー**ディ**ペンヅ］

🔍 答えようがなく、「時と場合による」ときに使います。It depends.でもOK。

6 You should talk. ☞［**ユー**シュッ**トー**ク］

🔍 You are one to talk.とも言います。言い方によってはきつく聞こえるので注意。

7 What a shame! ☞［ホ**ワ**ラ**シェ**イム］

🔍 shameは「恥」以外に「残念なこと」という意味があります。

8 Cut it out! ☞［**カ**リ**ラ**ウッ（トゥ）］

🔍 cut outは「やめる」の意味。Knock it off.［**ナッ**キ**ロー**フ］とも言います。

9 You name it. ☞［**ユー**ネイミッ（トゥ）］

🔍 nameは「指定して言う」という意味を持つ動詞でもあります。

第1章 定型フレーズ編

第2章 文法活用編

第3章 日常会話編

基本のあいさつ

▶▶▶▶ 英語であいさつするときは、お辞儀ではなく笑顔で握手です。握手はお互いの信頼の証。迷わず右手を差し出しましょう。

□ **1** **お会いできてうれしいです。** ● Nice to 〜

📖 「お会いする」は「会う」でOKです。「はじめまして」の意味も含みます。

□ **2** **私もです（1の返事として）。** ● Nice to 〜

📖 オウム返しをして、最後にtooをつけます。

□ **3** **お会いできてうれしいです。** ● It's a pleasure to 〜

📖 「あなたに会うことは喜びです」という考え方をします。

□ **4** **こちらこそ（3の返事として）。** ● The pleasure is 〜

📖 「その喜びはすべて私のものです」と返します。

□ **5** **お会いできてよかったです。** ● Nice 〜 ing

📖 「会う」という動詞を〜ing形にするのがポイントです。

□ **6** **お久しぶりです。** ● It's been 〜

📖 「長い時間がありましたね」という過去から現在までの現在完了形を使います。

□ **7** **再会できてうれしいです。** ● Good to 〜

📖 最後にagainをつけます。

□ **8** **ずっとお会いしていませんね。** ● Long time 〜

📖 noの後ろに「会う」という動詞を使う決まり文句です。

□ **9** **長い間お会いしていませんでしたね。** ● I haven't 〜

📖 「長い間」はfor agesを使います。現在完了を使います。

英会話のカギ

英語は日本語と異なり、初対面やしばらく会っていない人とのあいさつにはさまざまな言い方があるのでいろいろ試してみましょう。英語では「はじめまして」や「久しぶりです」という固定された表現を使うよりも、「会えて嬉しい」、「ずっと会ってませんね」のように、思いをそのまま言葉にするのです。

CD1 07

音声DL Track 7

1 Nice to meet you.
🔊 文頭にIt'sが省略されています。「あなたに会うこと」=「うれしい」となります。

2 Nice to meet you, too.
🔊 tooを文末につけることによって、「私も」となります。tooを強く発音します。

3 It's a pleasure to meet you.
🔊 若干かしこまった感じがします。ビジネスには最適です。

4 The pleasure is all mine.
🔊 It's a pleasure to meet you.と言われたときに返すお決まりの表現です。

5 Nice meeting you.
🔊 初対面の後の別れのあいさつです。Nice talking with you.とも言います。

6 It's been a long time.
🔊 「最後にお会いして以来」という意味が隠れています。

7 Good to see you again.
🔊 It's been a long time.に続けて言ってもOKです。発音は[グットゥー]です。

8 Long time no see.
🔊 noの後ろは、普通は名詞が来ますが、ここでは動詞（see）が来る決まり文句です。

9 I haven't seen you for ages.
🔊 for agesはfor a long timeと同じ「長い間」という意味です。

第1章 定型フレーズ編

第2章 文法活用編

第3章 日常会話編

さまざまなあいさつ

▶▶▶▶ あいさつはHello. やHow are you? だけではありません。他の言い方にもトライして会話を豊かにしていきましょう！

□ 1 **お元気ですか？── 元気です。** ● How 〜 ?

🔖 小中学校で初めて英語を習うときの最も一般的なあいさつです。

□ 2 **元気かい？── 元気だよ。** ● How 〜 ?

🔖 後ろにdoingをつけ足します。

□ 3 **どうですか？── 元気ですよ。** ● How 〜 ?

🔖 いろいろな身の回りのこと（everything）について聞きます。

□ 4 **調子どう？── まあまあですよ。** ● How 〜 ?

🔖 ことがどう進んでいるかということでgoingを使います。

□ 5 **お変わりありませんか？── 相変わらずです。** ● What 〜 ?

🔖 「何か新しいことは？」と考えます。

□ 6 **どう？── これと言って何も。** ● What 〜 ?

🔖 downの反対語を使います。

□ 7 **じゃ。** ● See 〜

🔖 「あなたに（後で）会う」と言います。

□ 8 **あとで。** ● talk

🔖 「あなたと後で話をする」と言います。

□ 9 **気をつけて。** ● Take 〜

🔖 「（無理しないように）自分の世話をしなさい」と言います。

コミュニケーションであいさつは基本中の基本。特に英語は言葉重視で、日本でのようにお辞儀だけで済ませるわけにはいきません。How ～ ?で聞かれた場合はFine.やNo complaints.、What ～ ?で聞かれた場合はNothing.やNot much.で答えるパターンを覚えておきましょう。

CD1 08 Track 8

1 How are you? —— Fine, thank you.

🔊 Fine. やGreat. と答えた後、thank youをつければ丁寧になります。

2 How are you doing? —— Great, thanks.

🔊 親しい間柄でのあいさつの仕方です。

3 How's everything? —— No complaints.

🔊 How's everything with you?と言うこともできます。

4 How's it going? —— Pretty good.

🔊 かなりくだけた言い方です。友だちや親しい同僚同士で使ってみましょう。

5 What's new? —— Nothing.

🔊 Whatを使うあいさつの表現です。返事はFine. ではなくNothing. です。

6 What's up? —— Not much.

🔊 突然電話があって「どうしたの？」と聞くときにも使います。

7 See you.

🔊 「失礼します」など、目上の人に使っても大丈夫な表現です。

8 I'll talk to you later.

🔊 See you. とほぼ同じです。「後でまたお話ししましょう」ということですね。

9 Take care.

🔊 軽い別れのあいさつです。丁寧にTake care of yourself. と言うこともできます。

第1章 定型フレーズ編

第2章 文法活用編

第3章 日常会話編

UNIT 9

お礼を言う

▶▶▶▶ 英語は日本語でお礼を言うように何度も繰り返しません。「この間はどうも」と、日をまたいでお礼を言うこともあまりありません。

□ **1** どうもありがとうございます。　◘ Thank you ～

□ **2** どうもありがとう。　◘ Thanks ～
　◎「たくさん」という意味の語句を使います。

□ **3** とにかくありがとう。　◘ Thanks ～

□ **4** 手助けしていただき、ありがとうございました。　◘ Thank you for ～
　◎具体的なことに感謝する場合は、後ろに for ～を使います。

□ **5** いろいろありがとうございました。　◘ Thank you for ～
　◎「いろいろ」はeverythingでOKです。

□ **6** パーティーに招待してくれてありがとう。　◘ Thank you for ～
　◎「招待する」はinviteです。招待された人（meやus）をつけ忘れないように。

□ **7** ありがとう。　◘ I appreciate ～
　◎thankは人に、appreciateはその人がしてくれたことに感謝するときに使います。

□ **8** ご親切に感謝します。　◘ That's very kind ～
　◎kind（親切な）のように人の性質を表す語の場合は後ろにofを使います。

□ **9** あなたの支援をありがたく思っています。　◘ I'm grateful ～
　◎「支援」はassistanceです。gratefulは「ありがたく思う」という形容詞です。

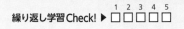

英会話のカギ

繰り返し学習Check! ▶ 1 2 3 4 5 □□□□□

お礼の言い方も英語はさまざまです。Thank you.ばかりではなく、I appreciate it.やThat's very kind of you.も使ってみましょう。Thank you for your help.（手助けに感謝します）など、forの後ろに具体的な感謝の理由をつけて言うとさらに丁寧さが伝わります。

CD1 09

Track 9

1 Thank you very much.

🔍 謝意の強調にはso muchを使うこともできます。

2 Thanks a lot.

🔍 若干くだけた言い方ですので、友人や同世代同士でよく使われます。

3 Thanks anyway.

🔍「（直接役には立たなかったけれども）ご好意には感謝します」の意味です。

4 Thank you for your help.

🔍 このように感謝する理由をつけることによって丁寧な表現になります。

5 Thank you for everything.

🔍 滞在先などでお世話になったときや、感謝の内容がたくさんあるときに便利な表現です。

6 Thank you for inviting me [us] to the party.

🔍 相手がしてくれたことについてはforの後ろの動詞を〜ing形にします。

7 I appreciate it.

🔍 相手がしてくれた行為（it）に感謝することです。Iを省略することもあります。

8 That's very kind of you.

🔍 Thank you for your kindness.やI appreciate your kindness.と同じです。

9 I'm grateful to you for your assistance.

🔍 toの後ろには「人」、forの後ろには「その人がしてくれたこと」が来ます。

第1章 定型フレーズ編

第2章 文法活用編

第3章 日常会話編

「したい」を伝える

▶▶▶▶ 日本語では遠慮がちに言うべきことでも、英語ではしたいのか、したくないのかをはっきり言いましょう。

□ 1 **休憩を取りたいです。** ◉ I want to 〜
@ 「休憩」はbreakやrestを使います。

□ 2 **貿易会社で働きたいです。** ◉ I want to 〜
@ 「〜で働く」はwork for 〜です。

□ 3 **コンピュータプログラマーになりたいです。** ◉ I want to 〜

□ 4 **買い物に行きたくありません。** ◉ I don't want to 〜

□ 5 **休暇を取りたいです。** ◉ I'd like to 〜
@ 動詞はtakeを使います。

□ 6 **コーヒーを飲みたいです。** ◉ I'd like to 〜

□ 7 **バスに乗るよりむしろ歩きたいです。** ◉ I'd rather 〜
@ まず「歩きたい」と言ってから、than 〜 （〜するより）と続きます。

□ 8 **そのことについては言いたくありません。** ◉ I'd rather not 〜

□ 9 **できたらここにいたいです。** ◉ I prefer 〜
@ 動詞の〜 ing形が続きます。

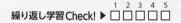

英会話のカギ

繰り返し学習Check! ▶ □ □ □ □ □
1 2 3 4 5

相手に「〜したい」と希望を伝える場合は、I want to 〜 .という表現がベストです。
I'd like to 〜 .と言えば丁寧になります。I'd rather 〜 .は「むしろ〜したい」、
I prefer 〜 .は「(〜するより) 〜するほうがいい」と比較を前提とした言い方です。

CD1 10
Track 10

1 I want to **take a break.**

🔍 toの後ろは動詞の原形です。

2 I want to **work for a trading company.**

🔍「貿易会社に就職する」は get a job with a trading company と言います。

3 I want to **be a computer programmer.**

4 I don't want to **go shopping.**

5 I'd like to **take a day off.**

🔍 I'dは I would の短縮です。「休暇を取る」は take leave とも言います。

6 I'd like to **have coffee, please.**

🔍 drink (飲む) やeat (食べる) の意味でhaveを使うこともあります。

7 I'd rather **walk than take a bus.**

🔍 I'dは I would の短縮です。rather の後ろには動詞の原形が来ます。

8 I'd rather not **talk about it.**

🔍 否定文は、I'd rather の直後に not をつけるだけでOK。

9 I prefer **staying here.**

🔍 prefer は「〜の方がいい」という意味で、比較を表す動詞です。

第1章 定型フレーズ編

第2章 文法活用編

第3章 日常会話編

UNIT 11

お詫びを言う

▶▶▶▶ 英語ではお詫びは何度も言いません。謝るのは一度だけです。なぜそうなったのか理由を言うのが英語の礼儀です。

□ 1 **ごめんなさい。** ▶ sorry

□ 2 **失礼しました。** ▶ Excuse ～

□ 3 **謝ります。** ▶ apologize
誰が謝るのか、その主語が必要です。

□ 4 **お許しください。** ▶ forgive
誰を許すのか、その目的語が必要です。

□ 5 **ご面倒をおかけしてすみません。** ▶ I'm sorry ～
「面倒をかける」はbotherです。sorryの後にtoを使ってみましょう。

□ 6 **返事が遅れてごめんなさい。** ▶ I'm sorry ～
sorryの後にforを使ってみましょう。

□ 7 **もっと早く手紙を書かずにすみませんでした。** ▶ I'm sorry ～
sorryの後に「主語＋動詞」を使ってみましょう。「もっと早く」はsoonerです。

□ 8 **お話し中、失礼します。** ▶ Excuse me ～
「失礼する」は「中断する」のinterruptを使います。

□ 9 **予約のキャンセルについてお詫びいたします。** ▶ I'd like to apologize ～
「予約」はappointmentを使います。

英会話のカギ

繰り返し学習Check! ▶ □□□□□
1 2 3 4 5

小さいことでも自分がすまないことをしたと思えば、I'm sorry. と言います。出会いがしらに人とぶつかりそうになったときなどはExcuse me. と言いましょう。I apologize. やForgive me. は相手に対してより深い謝罪が必要だと思われるときに使います。いずれにしても言葉に出すことが大切です。

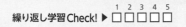

Track 11

1 I'm sorry.

🔍 最後を上げ調子で発音すると「もう1度言ってください」となります。

2 Excuse me.

🔍 これも上げ調子で発音すると、相手が言ったことを聞き返す表現になります。

3 I apologize.

🔍 apologizeは「謝る」という動詞です。深く謝るときに使います。

4 Please forgive me.

5 I'm sorry to bother you.

🔍 toを使う場合は、後ろは動詞の原形が来ます。

6 I'm sorry for the late reply.

🔍 前置詞のforの後ろは名詞や動詞の〜ing形です。

7 I'm sorry I didn't write to you sooner.

🔍 「手紙を書く」はwriteでOKです。

8 Excuse me for interrupting you.

🔍 forの後ろは動詞の〜ing形です。

9 I'd like to apologize for canceling the appointment.

🔍 「予約（人との約束）を取る」はmake an appointmentです。

35

UNIT 12 お願いする

▶▶▶▶ 英語で人に何かを頼む場合は、親しい間柄でも丁寧に頼みます。頼みを聞いてもらったら謝るのではなく、お礼を言いましょう。

☐ **1 ドアを閉めてください。** ○ Please 〜

☐ **2 手伝ってもらえませんか。** ○ Will you 〜 ?

🔎 give を使って言ってみましょう。

☐ **3 お願いを聞いてもらえませんか。** ○ Can you 〜 ?

🔎 「お願い」には「親切な行為」という意味の favor を使います。

☐ **4 駅への道を教えてもらえませんか。** ○ Can you 〜 ?

🔎 「〜への行き方」は how to get to 〜です。

☐ **5 電話に出てくださいませんか。** ○ Would you 〜 ?

🔎 「電話に出る」は「電話に答える」と考えます。

☐ **6 カーテンを開けてくださいませんか。** ○ Could you 〜 ?

☐ **7 邪魔しないでください。** ○ I want you to 〜

🔎 「〜を邪魔しない」は「〜を1人にしておく」と考えます。

☐ **8 リビングに掃除機をかけてもらいたいのですが。** ○ I'd like you to 〜

🔎 vacuum（真空）は「電気掃除機をかける」という動詞でもあります。

☐ **9 テレビのボリュームを下げてもらえませんか。** ○ Would you mind 〜 ?

🔎 mind は「気にする」という意味です。「〜することを気にしますか」と聞きます。

英会話のカギ

繰り返し学習Check! ▶ 1 2 3 4 5 □□□□□

人にものを頼むときは、動詞の前にPleaseやWill youなどをつけるだけでOKです。Would you やCould youのように過去形を使えば丁寧になります。さらに丁寧に言いたければWould you mindを使います。なお、mindは「気にする」という意味なので、相手の頼みを聞く場合には「気にしません」(Not at all.)と言います。

CD1 12 Track 12

1 Please **close the door.**

---

2 Will you **give me a hand?**

　もちろんWill you help me?でもOKです。

---

3 Can you **do me a favor?**

　「お願いがあります」はI have a favor to ask of you.と言います。

---

4 Can you **tell me how to get to the train station?**

　Can you tell me the way to the train station?でもOKです。

---

5 Would you **please answer the phone?**

　pleaseはなくてもかまいません。

---

6 Could you **open the curtain for me?**

　「私のために」という意味のfor meをつけるとより英語らしく聞こえます。

---

7 I want you to **leave me alone.**

　want 人 to ～=「人に～してほしい」と相手に直接頼む表現です。

---

8 I'd like you to **vacuum the living room.**

　want you to ～の丁寧表現です。

---

9 Would you mind **turning down the TV?**

　mindの後ろは動詞の～ ing形です。「もちろん」と答えるときは、Not at all. です。

37

UNIT 13 許可を求める

▶▶▶▶ 許可を求める場合には、文の初めにひと言つけ足すのがポイントです。控え目な言い方もよく使います。

☐ 1 **質問してもいいですか。**　○ Can I 〜 ?
◎ 英語では「質問を尋ねる」と言います。

☐ 2 **少しの間お話ししてもいいですか。**　○ Can I 〜 ?
◎ 「少しの間」は「数分間」と考えます。

☐ 3 **お名前をお尋ねしてもよろしいですか。**　○ May I 〜 ?

☐ 4 **パスポートを見せていただいてもよろしいですか。**　○ May I 〜 ?
◎ 「見てもいいですか」と言います。

☐ 5 **あなたのパソコンを使ってもいいですか。**　○ Could I 〜 ?
◎ パソコンは和製英語です。英語ではPCと略します。

☐ 6 **窓を開けてもいいですか。**　○ Would it be all right 〜 ?
◎ 「もし私が窓を開けたら大丈夫ですか」と考えます。

☐ 7 **予約を変更してもいいですか。**　○ Would it be all right 〜 ?
◎ 人との約束という意味での「予約」（病院での予約も）はappointmentです。

☐ 8 **エアコンをつけてもいいですか。**　○ Would you mind if 〜 ?
◎ 「もし私が〜したらあなたは気にしますか」と聞きます。

☐ 9 **会議を延期してもいいですか。**　○ I wonder if it's OK 〜
◎ 「延期する」はpostponeです。

「～してもいいですか」と許可を求める場合には、動詞の前にCan Iをつけます。May IやCould Iをつけるとより丁寧になります。Would it be all right ～ ?やWould you mind if ～ ?やI wonder if it's OK ～ ?で始めれば、さらに間接的で丁寧な言い方になります。

CD1 13
Track 13

1 Can I ask you a question?
🔍「ちょっとした質問をする」ならask ～ a quick questionと言います。

2 Can I talk with you for a few minutes?
🔍「少しの間」はfor a momentとも言います。

3 May I ask your name?

4 May I see your passport?
🔍 May I see your ID?は「身分証を見せてください」という意味です。

5 Could I use your PC?
🔍 この場合、過去形のcouldを使うとcanよりも丁寧な言い方になります。

6 Would it be all right if I opened the window?
🔍 ifの節には過去形の動詞を使うのが原則です。

7 Would it be all right if I changed my appointment?
🔍 ここでも過去形のwouldを使うと丁寧になります。

8 Would you mind if I turned on the air conditioning?

9 I wonder if it's OK to postpone our meeting.
🔍 toの後ろは動詞の原形です。postponeは後ろにアクセントを置きます。

誘う・招待する

▶▶▶▶ 日本語のように遠慮は要りません。ストレートに誘うのが英語流です。「あなたを誘いたい」という気持ちを込めましょう。

☐ 1 **今夜、夕食に行きましょう。** ○ Let's 〜

🔲 「夕食に行く」はgo out for dinnerと言います。

☐ 2 **コーヒーを飲みながらおしゃべりしましょうよ。** ○ Let's 〜

🔲 「おしゃべりする」はhave a chatと言います。

☐ 3 **エリカを誘いませんか。** ○ How about 〜 ?

🔲 「誘う」、「招待する」はinviteと言います。

☐ 4 **駅で落ち合うのはどうですか。** ○ How about 〜 ?

🔲 「落ち合う」は単に「会う」と考えて大丈夫です。

☐ 5 **ちょっと食べてみて。** ○ How about 〜 ?

☐ 6 **私たちと一緒に一杯いかが？** ○ Why don't you 〜 ?

🔲 「一杯いかが」は「（お酒を）飲みにいきましょう」と考えましょう。

☐ 7 **そのジャケット、試着してみたらどう？** ○ Why don't you 〜 ?

🔲 「試着する」はtry 〜 onです。

☐ 8 **チキンをもう1ついかがですか。** ○ Would you like 〜 ?

🔲 「もう1つ」はanotherでOKです。

☐ 9 **そろそろ出かけましょうか。** ○ What do you say 〜 ?

🔲 「そろそろ」はnowでOKです。

英会話のカギ

繰り返し学習Check! ▶ 1 2 3 4 5 □ □ □ □ □

文をLet'sで始めれば、相手により積極的に誘う気持ちが伝わります。How about ～？やWhy don't you ～？などの疑問文を使えば、相手に断る機会を与えるやわらかな誘い方になります。

CD1 14 Track 14

1 Let's go out for dinner tonight.
- tonightはthis eveningでも、もちろんOK。

2 Let's have a chat over a cup of coffee.
- 「コーヒーを飲みながら」はoverを使って表すのが一般的です。

3 How about inviting Erika?
- aboutの後ろは動詞の～ing形が続きます。

4 How about meeting at the train station?

5 How about a bite?
- aboutの後ろは名詞でもOK。a biteは「ちょっと食べること」です。

6 Why don't you join us for a drink?
- 「どうして～しないのか」は「～しませんか」の意味を表します。

7 Why don't you try this jacket on?
- 普通に「着る」はput ～ on、「脱ぐ」はtake ～ offです。

8 Would you like another piece of chicken?
- Would you like to have another piece of chicken?とも言えます。

9 What do you say we leave now?
- What do you say toとすれば、動詞の原形ではなく動詞の～ing形が続きます。

誘いを受ける・断る

▶▶▶▶ 誘いを受ける場合は、嬉しい気持ちを相手に分かりやすく伝えましょう。断る場合には、相手に断る意志がはっきり伝わるように。

☐ 1 **いいね。** ◐ Sounds good 〜

◉ 「私にはよく聞こえます」となります。

☐ 2 **ご招待ありがとうございます。** ◐ Thank you 〜

◉ 「〜をありがとう」はThank youの後ろにfor 〜を使います。

☐ 3 **私のことを気にかけてくれてありがとう。** ◐ Thank you 〜

◉ 「〜のことを気にかける」は「〜について考える」です。

☐ 4 **喜んで。** ◐ I'd be happy 〜

◉ 「喜んで」の後ろに「〜します」が省かれています。

☐ 5 **喜んで行かせてもらいます。** ◐ I'd be happy 〜

◉ comeを使いましょう。

☐ 6 **すみませんが、行けません。** ◐ I'm sorry 〜

◉ 「すみませんが」の「が」はbutを用います。

☐ 7 **すみませんが、できません。** ◐ I'm sorry 〜

◉ 「できません」は「可能ではない」と言います。「可能な」はpossibleを使います。

☐ 8 **すみませんが、気が進みません。** ◐ I'm sorry 〜

◉ feel like（〜したい気分だ）を使います。

☐ 9 **そうできたらいいのですが。** ◐ I wish 〜

◉ 後ろに「主語＋助動詞」の過去形が続きます。

誘いを受ける場合は、Thank you. や I'd be happy to. など、感謝や喜びの表現を用いましょう。断る場合は、I'm sorry. など残念な気持ちを表したあと、否定文などを使い、断る理由を明確に言いましょう。また、「そうできたらいいのですが、(できません)」のように仮定法を使って断ることもできます。

CD1 15   Track 15

1 Sounds good to me.
🔍 もちろん Sounds good. だけでも OK。文頭に It が省かれています。

2 Thank you for your invitation.
🔍 前置詞 for の後ろには名詞または動詞の〜 ing 形が来ます。

3 Thank you for thinking of me.
🔍「〜について考える」は think of 〜です。

4 I'd be happy to.
🔍 to の後ろに help you などの動詞が省かれていますが、to は省略できません。

5 I'd be happy to come over.
🔍 相手のところに行くときには、英語では go ではなく come を使います。

6 I'm sorry, but I can't come.
🔍 5 と同様に、「あなたのところに行く」は come を使います。

7 I'm sorry, but that's not possible.
🔍 That's difficult.（それは難しいです）は「難しいが、できる」という意味です。

8 I'm sorry, but I don't feel like it.
🔍 feel like の後ろには動詞の〜 ing 形が来ることもあります。

9 I wish I could do it.
🔍 I wish「〜ならいいのに」は事実と異なることを仮定するときに使います。

褒める・感心する

▶▶▶▶ 日本の感覚では「褒めすぎじゃない?」と思うくらい、英語ではよく褒めます。褒められたら謙遜せずにお礼を言いましょう。

☐ **1** **いいシャツですね。** ● nice

◉ 主語にthatを使いましょう。

☐ **2** **そのセーター、お似合いですよ。** ● nice

◉ 「素敵に見える」と言います。

☐ **3** **お料理が本当に上手ですね。** ● good

◉ 「本当に〜」はsuch 〜を使ってみましょう。

☐ **4** **あなた本当に優しいのね。** ● sweet

☐ **5** **あなたの英語は素晴らしいです!** ● excellent

◉ excellentは「優秀な」。goodよりも上のレベルの褒め言葉です。

☐ **6** **あなたのジャケットが好きです。** ● I like 〜

☐ **7** **あなたを誇りに思います。** ● I'm proud of 〜

◉ be proud of 〜は「〜を誇りにしている」という意味です。

☐ **8** **あなたの勇気には感心します。** ● I admire 〜

◉ admire 〜は「〜に敬服する」という意味です。

☐ **9** **あなたの仕事ぶりには感心しています。** ● I'm impressed with 〜

◉ be impressed with 〜は「〜に感動する」という意味です。

相手を褒める場合によく使われるniceやgoodやexcellentなどを積極的に使っていきましょう。また、I admire ～ . やI'm proud ～ . など、Iを主語にして相手を褒めたい気持ちを表す方法もあります。英語でOKは「まあまあ」という意味です。決して褒め言葉ではないので注意しましょう。

CD1 16

Track 16

1 That's a nice shirt.
🔲 niceはとても使いやすい一般的な褒め言葉です。

2 That sweater looks nice on you.
🔲 セーターは着ている人の身体の上にありますからonを使います。

3 You are such a good cook.
🔲 suchの後ろは「形容詞＋名詞」です。cookは「料理する人」という名詞です。

4 You are so sweet.
🔲 soの後ろは形容詞か副詞です。もちろんvery sweetでもOK。

5 Your English is excellent!
🔲 もちろんvery goodでもOKです。

6 I like your jacket.
🔲 6～9は、「私」を主語にして相手を積極的に褒める言い方です。

7 I'm proud of you.
🔲 proudはpride（プライド、誇り）の形容詞です。

8 I admire your courage.

9 I'm impressed with your performance.
🔲 impress ～は「～を感動させる」という意味で、この場合は受身形で使います。

第1章 定型フレーズ編

第2章 文法活用編

第3章 日常会話編

45

アドバイスする

▶▶▶▶ アドバイスは軽い表現から強い表現までさまざま。「もし私があなたなら」と、自分を引き合いに出して言う丁寧表現もあります。

□ **1** もっと運動した方がいいですよ。　　○ You should 〜

🔊 exerciseには「運動」という名詞と「運動する」という動詞があります。

□ **2** 早く寝た方がいいですよ。　　○ You should 〜

🔊 go to bedを使います。

□ **3** 休憩した方がいいですよ。　　○ You should 〜

🔊 「休憩」はbreakを使います。

□ **4** 地下鉄で行ったらどうですか。　　○ I suggest 〜

🔊 動詞はtakeを使います。

□ **5** お医者さんに診てもらったらどうですか。　　○ I suggest 〜

🔊 「医者に会いに行く」と言います。

□ **6** もし私があなたなら、まず彼に話しますよ。　　○ If I were you, 〜

🔊 主節には助動詞の過去形（would）を使います。

□ **7** もし私があなたなら、その仕事を引き受けますよ。　　○ If I were you, 〜

🔊 「〜を引き受ける」はtakeでOKです。

□ **8** この薬を飲むことをお勧めします。　　○ I advise you 〜

🔊 「（薬）を飲む」はtakeを使います。「〜すること」には「to＋動詞の原形」を使います。

□ **9** 遅くまで仕事をしないことをお勧めします。　　○ I advise you 〜

🔊 「〜しないこと」はtoの前にnotをつけるだけです。

英会話のカギ

人にアドバイスするときにはshouldが便利です。辞書にはよく、had betterは「〜した方がいい」、shouldは「〜するべきだ」とありますが、実はhad betterは「忠告」や「命令」のようにかなりきつく聞こえる場合もあるので注意が必要です。shouldはhad betterと違い、目上の人に使うこともできます。

CD1 17

1 You should **exercise more.**

🔍 shouldの後ろは動詞の原形を使います。

---

2 You should **go to bed early.**

---

3 You should **take a break.**

🔍 take a restでもOK。またはrestの1語で「休憩する」という意味もあります。

---

4 I suggest **you take the subway.**

🔍 suggest（提案する）の後ろは「主語＋動詞の原形」です。

---

5 I suggest **you go to see a doctor.**

🔍 go to the hospitalは入院が必要な病気で総合病院に行くことを示します。

---

6 If I were you, I would **talk to him first.**

🔍「もし私があなたなら」（現在の事実と異なることの仮定）には過去形を使います。

---

7 If I were you, I would **take that job.**

🔍 仮定法についてはUnit 58でも学習します。

---

8 I advise **you to take this medicine.**

🔍 adviseはかなり押しつけがましく聞こえます。強く忠告するときに使いましょう。

---

9 I advise **you not to work so late.**

🔍 advice［アド**ヴァ**イス］は名詞、advise［アド**ヴァ**イズ］は動詞。発音の違いに注意。

説明する

▶▶▶▶ 相手に英語で説明する場合には回りくどいのはよくありません。
yesかnoで結論を言い、大切なポイントを先に話しましょう。

□ 1 **説明しましょう。** ● explain

　　explainの後ろには目的語のit（それ）が必要です。

□ 2 **ルールを説明しましょう。** ● explain

　　人に申し出る表現のLet me 〜.（〜させてください）を使ってみましょう。

□ 3 **この単語の意味を説明してもらえませんか。** ● explain

　　人に頼む表現Could you 〜?を使いましょう。

□ 4 **こうしたらいいですよ。** ● tell

　　「あなたに何をするべきであるかをお伝えしましょう」という発想です。

□ 5 **何が起こったか説明しましょう。** ● tell

　　「起こる」はhappenを使います。

□ 6 **それの使い方を説明しましょう。** ● show

　　「〜の仕方」は「how to ＋動詞の原形」です。

□ 7 **それがどのように作動するか説明しましょう。** ● show

　　「作動する」、「機能する」はworkでOK。

□ 8 **その事故について詳しく説明してもらえませんか。** ● describe

□ 9 **状況を詳しく説明してもらえませんか。** ● describe

　　Can you 〜?よりも丁寧に言ってみましょう。

英会話のカギ

「説明する」という意味の単語は英語にはたくさんあります。その中でもよく使われる便利な単語を表現の中で使ってみましょう。一般的に「説明する」はexplain、単純に「言って教える、説明する」のは基本動詞のtellで大丈夫です。「示して説明する」のはshow、絵に描くように「詳しく説明する」のはdescribeです。

CD1 18
Track 18

1 I'll explain it to you.
🔍「(人)に」は「to+人」です。

2 Let me explain the rules.
🔍 ルールにはさまざまなものがあると考えて複数形で言いましょう。

3 Could you explain the meaning of this word?
🔍 meanは「意味する」という動詞。meanの名詞はmeaningです。

4 I'll tell you what you should do.
🔍 I'll tell you what. は説明をする際に「あのですね」と前置きをするときのお決まり表現です。

5 Let me tell you what happened.
🔍 tellは「言葉で説明する」、showは「見せたり、示したりして説明する」という意味です。

6 Let me show you how to use it.
🔍 この場合、useは他動詞なので、itを忘れないようにしましょう。

7 I'll show you how it works.
🔍 howの後ろは「主語+動詞」が来ても大丈夫です。

8 Can you describe the accident?
🔍 describeは他動詞です。いつも目的語(この場合はaccident)が必要です。

9 Could you describe the situation?

第1章 定型フレーズ編

第2章 文法活用編

第3章 日常会話編

UNIT 19

喜ぶ・楽しい

▶▶▶▶ 日本人は控えめで感情が伝わりにくいと言われます。英語では、喜びや楽しさを表す場合は生き生きと表現しましょう。

□ 1 **お会いできてとてもうれしいです。** ▷ I'm happy 〜

@「会う」はseeを使いましょう。

□ 2 **その結果についてはとても喜んでいます。** ▷ I'm happy 〜

@「〜について」はabout 〜です。

□ 3 **それを聞いてうれしいです。** ▷ I'm glad 〜

□ 4 **気に入ってくれてよかったです。** ▷ I'm glad 〜

@「気に入る」はlikeでOK。

□ 5 **テストが終わってうれしいです。** ▷ I'm glad 〜

@ 終わった状態を表すoverを使ってみましょう。

□ 6 **終電に間に合ってよかったです。** ▷ Good thing 〜

@ Good thing 〜 .は「〜でよかった」という意味。「〜に間にあう」はcatch 〜です。

□ 7 **あなたが来ることができてよかった。** ▷ Good thing 〜

@「何とか出席する」や「間に合う」のmake itを使いましょう。

□ 8 **野球はとても楽しいです。** ▷ fun

@ funは「楽しみ」という意味。ここでは「たくさんの楽しみ」とします。

□ 9 **とても楽しんでいます。** ▷ fun

英語で喜びや楽しさを表現する場合には、表情がとても大切です。言葉は巧みでも表情が平面的では気持ちがうまく伝わりません。happyやgladなど、喜びを表すお決まりの表現を使って表現力豊かに自分の気持ちを伝えてみましょう。

CD1 19　Track 19

1 I'm **very** happy **to see you.**

　🔍 「〜してうれしい」はhappyの後ろに「to＋動詞の原形」を使います。

2 I'm **so** happy **about the result.**

3 I'm **glad** to hear that.

　🔍 I'm happyと同様、「to＋動詞の原形」を使います。

4 I'm **glad** you like it.

　🔍 gladの後ろに「主語＋動詞」を持って来ることも可能です。

5 I'm **glad** the exam is over.

6 Good thing **we could catch the last train.**

　🔍 Good thingの後ろに「主語＋動詞」を使います。

7 Good thing **you could make it.**

　🔍 もちろんGood thing you could come.でもOKです。

8 Baseball is a lot of **fun.**

　🔍 funは英語では数えられない名詞です。

9 I'm having so much **fun.**

悲しい・残念だ

▶ ▶ ▶ ▶ 英語では言葉の裏を読んでもらうことをあまり期待してはいけません。ネガティブな表現も相手に言葉でストレートに伝えます。

□ 1 **それを聞いて残念に思います。**　　◐ I'm sorry ～

◉ 後ろに「to +動詞の原形」が続きます。

□ 2 **行けなくて残念です。**　　◐ I'm sorry ～

◉ 後ろに「主語+動詞」が続きます。

□ 3 **結果を聞いてがっかりしました。**　　◐ I was disappointed ～

◉ 後ろに「to +動詞の原形」が続きます。

□ 4 **彼女から電話がなくてがっかりだよ。**　　◐ I was disappointed ～

◉ 後ろに「主語+動詞」が続きます。

□ 5 **彼女がいなくなって悲しいです。**　　◐ I'm sad ～

◉ 後ろに「主語+動詞」が続きます。

□ 6 **その事故については悲しく思います。**　　◐ I feel sad ～

◉ 後ろに about ～が続きます。

□ 7 **彼らが試合に負けて残念です。**　　◐ Too bad ～

◉ 後ろに「主語+動詞」が続きます。

□ 8 **彼が試験に落ちたなんて残念です。**　　◐ It's a shame ～

◉ 後ろに「主語+動詞」が続きます。「(試験に)落ちる」は fail を使います。

□ 9 **そんなに早く家に帰るなんて残念だ。**　　◐ It's a shame ～

◉ 「そんなに早く」は so soon を使います。

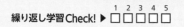

英会話のカギ

繰り返し学習Check! ▶ 1 2 3 4 5 □□□□□

日本では悲しみをグッとこらえたりしますが、英語圏ではまさに言葉重視。だからこそI'm sorry.（残念です）やI was disappointed.（がっかりです）など、お決まりの表現がとても有効です。表情と声のトーンに気を配りながら、相手に分かりやすく伝えましょう。

1 I'm sorry to hear that.
🔍 I'm sorry.は「ごめんなさい」のほかに「残念です」という意味もあります。

2 I'm sorry I can't come.
🔍 相手のいる場所に「行く」場合は、英語ではcomeを使います。

3 I was disappointed to hear the result.
🔍 「とてもがっかりしました」はI was so disappointed.だけでOKです。

4 I was disappointed she didn't call me.

5 I'm sad she left.
🔍 leftはleave（立ち去る）の過去形。「彼女がいなくて寂しい」はI miss her.です。

6 I feel sad about the accident.
🔍 I feelの代わりにI'mを使うこともできます。

7 Too bad they lost the game.
🔍 lostはlose（負ける）の過去形です。

8 It's a shame he failed the exam.
🔍 shameは「恥」という意味ですが、ここでは「残念なこと」となります。

9 It's a shame we have to go home so soon.
🔍 It's a shame 〜は「〜するのはもったいない」という意味でも使います。

第1章 定型フレーズ編

第2章 文法活用編

第3章 日常会話編

CD1 20 Track 20

UNIT 21

怒る・苦情を言う

▶▶▶▶ 怒りや苦情もはっきり言葉にして大丈夫です。攻撃的な言い方ではなく、冷静に表現するのがポイントです。

☐ **1** 彼には腹が立つ。　🔊 I'm angry ～

☐ **2** 彼女のコメントには腹が立ちます。　🔊 I'm angry ～

☐ **3** 彼がうそをついたので腹が立ちました。　🔊 I was angry ～
🔎「うそをつく」は動詞の lie を使います。

☐ **4** 彼女が全部を台無しにしてむしゃくしゃしています。　🔊 I'm upset ～
🔎 後ろに「主語＋動詞」が続きます。

☐ **5** 彼らの決定には気分を害しました。　🔊 I was upset ～
🔎 decide（決める）の名詞形を使います。

☐ **6** もうこれ以上我慢できません。　🔊 I can't stand ～
🔎「もうこれ以上」は anymore を使います。

☐ **7** この暑い天気には我慢できません。　🔊 I can't stand ～
🔎 stand には「立つ」以外に「～を我慢する」という意味があります。

☐ **8** 雨には飽き飽きです。　🔊 I'm tired of ～
🔎 tired には「疲れた」と「飽きた」という意味があります。

☐ **9** 彼の文句にはもううんざりします。　🔊 I'm tired of ～
🔎 complain（文句を言う）の名詞形を使います。

英会話のカギ

繰り返し学習Check! ▶ 1 2 3 4 5 □ □ □ □ □

怒っていることを端的に伝える言葉はangryです。怒りの感情を表す単語としては
standも便利です。standは「〜を我慢する」という意味があり、can't standで「我
慢できない」となります。be tired of 〜は「〜に飽き飽きしている」という苦情の
表現で、be tired from 〜（〜で疲れている）と区別して使いましょう。

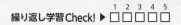

1 **I'm angry with him.**
🔍「人に（腹を立てる）」はwith 〜を使います。I'm mad at him.でもOK。

2 **I'm angry about her comment.**
🔍「〜について腹を立てる」はabout 〜を使います。

3 **I was angry because he lied.**
🔍 怒る理由を言う場合は「because 主語＋動詞」です。

4 **I'm upset because she messed everything up.**
🔍「〜をめちゃくちゃにする」、「〜を台無しにする」はmess 〜 upがぴったりです。

5 **I was upset about their decision.**
🔍 upsetは「動揺している」というイメージでとらえます。

6 **I can't stand it anymore.**
🔍 目的語のitを忘れないように。takeを使ってI can't take it anymore.とも言えます。

7 **I can't stand this hot weather.**
🔍「〜を我慢する」という意味のstandの後ろに目的語を忘れないようにしましょう。

8 **I'm tired of rain.**
🔍 I'm sick and tired of rain.とかI'm fed up with rain.とも言えます。

9 **I'm tired of his complaints.**
🔍 文句や苦情はたいてい複数なので、complaintには複数形のsをつけましょう。

第1章 定型フレーズ編

第2章 文法活用編

第3章 日常会話編

思う・考える

▶▶▶▶ 「思う」は表現を和らげたり控えめにする効果があります。しかし、多用しすぎると、主張が弱くなるので注意しましょう。

☐ **1** **そうだと思います。**　🔊 I think ～

☐ **2** **違うと思います。**　🔊 I don't think ～
　🔊 英語では「そうは思いません」と言います。

☐ **3** **できると思います。**　🔊 I think ～
　🔊 後ろに「主語＋動詞」が続きます。

☐ **4** **どう思いますか。**　🔊 ～ do you think?
　🔊 日本語では「どう～」ですが、howは使いません。

☐ **5** **あなたの言う通りだと思います。**　🔊 I guess ～
　🔊 「～の言う通り」には「正しい」という意味の単語を使います。

☐ **6** **彼は40歳くらいだと思うよ。**　🔊 I guess ～

☐ **7** **すべて大丈夫だと思うよ。**　🔊 ～ , I guess
　🔊 everything（すべて）は単数扱いです。

☐ **8** **明日は雨が降ると思います。**　🔊 I'm afraid ～
　🔊 「雨が降る」はitが主語です。

☐ **9** **残念ながら来られないと思います。**　🔊 I'm afraid ～

英語では「思う」も「考える」もthinkで表せます。「想像する」という意味のguessを使えば、若干くだけた言い方になります。悪いことを思う場合にはbe afraidが便利です。「残念ながら〜だと思います」のような意味で使うことができます。日本語と違い普通は文頭で使います。

CD1 22

Track 22

1 I think so.

💬 強く思う場合はI believe so.（そう信じています）と言います。

2 I don't think so.

3 I think I can do it.

💬 「できないと思います」と言う場合はI don't think I can do it.です。

4 What do you think?

💬 「〜についてどう思いますか」はWhat do you think of 〜？と言います。

5 I guess you're right.

💬 guessは「推測する」という意味で、ときどきthinkの代わりに使われます。

6 I guess he is around 40.

💬 aroundは「およそ」の意味です。

7 Everything's OK, I guess.

💬 I guessやI thinkはつけ足しとして文末に使うことができます。

8 I'm afraid it'll rain tomorrow.

💬 it willの短縮形はit'llで［イロー］のように発音します。

9 I'm afraid I can't come.

💬 「（残念ながら）違うと思います」はI'm afraid not.です。

思いやる・励ます

▶ ▶ ▶ ▶ I wishやDon't worryなど簡単な表現を使うことで相手を励ますことができます。しっかり声に出して、励ましてあげましょう。

☐ **1** **幸運を祈ります。** ● I wish 〜

　🔊「運」はluckを使います。

☐ **2** **あきらめないで。** ● give up

☐ **3** **ベストを尽くしてください。** ● Do 〜

　🔊 基本動詞のdoを使ったお決まりの表現です。

☐ **4** **あまり心配しないで。** ● Don't worry 〜

☐ **5** **がんばって。** ● Hang in 〜

☐ **6** **あと一息です。** ● almost there

　🔊「あなたはほとんどそこまで来ている」という文になります。

☐ **7** **きっと上手くできるよ。** ● do well

　🔊「きっと」は「確信して」という意味のsureを使います。

☐ **8** **すべて大丈夫ですよ。** ● all right

　🔊「すべて」はeverythingを使います。

☐ **9** **自信を持ちましょう。** ● have confidence

　🔊 shouldを使ってみましょう。

英会話のカギ

人を励ます表現は、英語も多彩です。ここに紹介するフレーズを使って相手に思いやりの気持ちを伝えましょう。英語は日本語以上に言葉で表現することを重視する言語なので、「黙っていても伝わる」という考えはなかなか通用しません。言葉で励ましてもらったら、言葉でお礼を言いましょう。

CD1 23 Track 23

1 I wish **you luck.**
🔊 もちろん Good luck. でも OK。

2 Don't **give up.**
🔊 I give up. は「もうやめた」という意味です。

3 Do **your best.**
🔊 best の前には所有格を使います。

4 Don't worry **too much.**

5 Hang in **there.**
🔊 Hang on in there. とも言います。

6 You are **almost there.**
🔊 almost の t 音は小さな「ッ」のようになり there につながります。

7 I'm sure you'll **do well.**

8 Everything's going to be **all right.**
🔊 going to be (〜だろう) はつながって [ガナビ] のように聞こえます。

9 You should **have confidence in yourself.**
🔊 「自信」という意味で confidence は数えられない名詞。うっかり a をつけないように。

お祝いをする

▶▶▶▶ Congratulations 〜と Happy 〜がお祝いの表現の代表です。Let's celebrate（お祝いしましょう）も覚えておくと重宝します。

□ **1** **卒業おめでとう！** ○ Congratulations 〜！

　🔖「卒業」は graduation を使います。

□ **2** **試験合格おめでとう！** ○ Congratulations 〜！

　🔖「合格する」は pass を使います。

□ **3** **ご昇進おめでとうございます！** ○ Congratulations 〜！

　🔖「昇進」は promotion を使います。

□ **4** **ご結婚おめでとうございます！** ○ Congratulations 〜！

□ **5** **結婚記念日おめでとうございます！** ○ Happy 〜！

□ **6** **楽しいバレンタインデーを！** ○ Happy 〜！

□ **7** **お幸せに！** ○ happy

　🔖 英語では「楽しい人生を！」となります。

□ **8** **新年のお祝いをしましょう！** ○ Let's celebrate 〜！

　🔖「新年」の前には the が必要です。

□ **9** **彼女の誕生日のお祝いをしましょう！** ○ Let's celebrate 〜！

お祝いの言葉は定型パターンで表現できます。出来事に関する語句さえおさえていれば、あとはそれを後ろに並べるだけでOKです。お祝いの場合は非言語コミュニケーションが大切です。言葉と同時に握手や笑顔を忘れないようにしましょう。

1 Congratulations **on your graduation!**

🔍 congratulationの後ろに複数形のsをつけましょう。

2 Congratulations **on passing the exam!**

🔍 「〜おめでとう！」と言う場合は、後ろにon 〜を続けます。

3 Congratulations **on your promotion!**

🔍 前置詞onの後ろは名詞や動詞の〜 ing形です。

4 Congratulations **on your marriage!**

5 Happy **anniversary!**

🔍 anniversaryは記念日のことですが、特に結婚記念日を指す場合が多いです。

6 Happy **Valentine's Day!**

🔍 英語ではValentineの後ろに's が必要です。

7 Have a happy **life together!**

🔍 happy lifeの前にaをつけ忘れないようにしましょう。

8 Let's celebrate **the New Year!**

🔍 celebrateは「祝う」という動詞です。

9 Let's celebrate **her birthday!**

期待する

▶▶▶▶ 期待する気持ちについては「当てにしている」とか「楽しみにしている」なども一緒に覚えておくと、英会話の幅が広がります。

□ 1 **そうならいいのですが。** ○ I hope 〜

◎ 英語で「そう」は日本語ととてもよく似た単語です。

□ 2 **そうでないならいいのですが。** ○ I hope 〜

◎ hopeの後ろに否定語を入れます。

□ 3 **来週お会いできたらと思います。** ○ I hope 〜

◎ 後ろに「to＋動詞の原形」が続きます。

□ 4 **あなたがパーティーを楽しんでくれたらと思います。** ○ I hope 〜

◎ 後ろに「主語＋動詞」が続きます。

□ 5 **彼女がもっと熱心に仕事をすることを期待します。** ○ I expect 〜

◎ 「expect 人 to 〜」となります。

□ 6 **私にあまり期待しないでください。** ○ Don't expect 〜

□ 7 **当てにしていますよ。** ○ count on 〜

◎ 現在進行形を使います。

□ 8 **もうすぐお会いできることを楽しみにしています。** ○ I'm looking forward to 〜

◎ 「会う」はseeでOKです。

□ 9 **あなたからお便りがあることを楽しみにしています。** ○ I'm looking forward to 〜

◎ 「〜から便りがある」はhear from 〜です。

繰り返し学習Check! ▶ □□□□□
1 2 3 4 5

期待する気持ちを伝えるにはhopeを使った表現が便利です。日本語では単に「思う」と表現する場合でも、普通のことにはI think 〜 .、悪いことを思うときにはI'm afraid 〜 .、いいことを思うときにはI hope 〜 .を使います。

CD1 25 Track 25

1 I hope so.
🔍 I think so.やI'm afraid so.の場合と形は同じです。

2 I hope not.
🔍 I'm afraid 〜 .の場合もnotを後ろにつけるだけでしたね（UNIT 22の9参照）。

3 I hope to see you next week.
🔍 望む人と後ろの動詞（see）の主語が同じならば「to＋動詞の原形」を使います。

4 I hope you'll enjoy the party.
🔍 望む人（I）と後ろの動詞（enjoy）の主語（you）が異なれば、「主語＋動詞」にします。

5 I expect her to work harder.
🔍 期待する(expect)人と後ろの動詞(work)の意味上の主語が異なれば、その人をtoの前に。

6 Don't expect too much of me.
🔍 「私に関してあまりたくさんのことを期待するな」ということですね。

7 I'm counting on you.
🔍 count on 〜は「〜を当てにする」という決まり文句です。

8 I'm looking forward to seeing you soon.
🔍 toの後ろは動詞の〜 ing形になるところがポイントです。

9 I'm looking forward to hearing from you.
🔍 単に「楽しみにしています」はI'm looking forward to it.でOKです。

第1章 定型フレーズ編
第2章 文法活用編
第3章 日常会話編

UNIT 26

強制・義務のフレーズ

▶▶▶▶ 「強制・義務」を表す表現にはmustとhave toがあります。must は相手に「〜しなさい」のように命じるときに使います。

□ **1** あなたは話をやめなければなりません。　◯ must

🔖 「〜することをやめる」は「stop＋動詞の〜ing形」です。

□ **2** 私たちはエネルギーを節約しなければなりません。　◯ must

🔖 「節約する」はsaveを使います。

□ **3** 私は会議に出席しなければなりませんか。　◯ must

🔖 「出席する」はattendを使います。

□ **4** この部屋でタバコを吸ってはいけません。　◯ must

🔖 mustの否定文を使います。

□ **5** これを最初に終わらせなければなりません。　◯ have to

□ **6** 私は明日の朝早く起きなければいけません。　◯ have to

□ **7** 先週の日曜日は仕事をしなければなりませんでした。　◯ have to

🔖 過去形にするのを忘れないように。

□ **8** もう帰らないといけないのですか。　◯ have to

🔖 「帰る」はleaveを使ってみましょう。

□ **9** 今それをする必要はありません。　◯ don't have to

🔖 mustの否定文はmustn't。では、have toの否定文は？

mustはかなり強い強制の響きがあるので、特にyouを主語にする場合は使う場面や話し相手によって注意しなければなりません。mustの否定のmustn'tは「〜してはいけない」という意味で、have toの否定はdon't have toで「〜しなくてもよい」となり、意味が異なります。

CD1 26 Track 26

1 You must stop talking.

🔍 mustの後ろは動詞の原形です。

2 We must save energy.

🔍「節約する」、「大切に使う」はconserveとも言います。energyの発音は[**エ**ナジー]です。

3 Must I attend the meeting?

🔍 疑問文はmustを主語の前に置きます。

4 You mustn't smoke in this room.

🔍 mustn'tは[マスントゥ]と発音します。

5 You have to finish this first.

🔍 have toは[ハフトゥ]と発音します。

6 I have to get up early tomorrow morning.

7 I had to work last Sunday.

🔍 had to 〜は[ハットゥー]と発音します。mustの過去形はありません。

8 Do you have to leave so soon?

🔍 mustと違い、doを文頭に置きます。

9 You don't have to do it now.

🔍 mustn'tは「〜してはいけない」、don't have toは「〜しなくてもよい」です。

第1章 定型フレーズ編

第2章 文法活用編

第3章 日常会話編

申し出る・提案する

▶▶▶▶ 申し出る表現はShall I〜?だけではありません。丁寧な言い方から親しい間柄で使う表現まで覚えておきましょう。

☐ **1** **窓を開けましょうか。** ○ Shall I〜?

☐ **2** **何か読むものを持って来ましょうか。** ○ Shall I〜?
　「持って来る」はbringやgetを使います。

☐ **3** **自宅まで車で送りましょうか。** ○ Shall I〜?
　driveには「〜を車で連れていく」という意味もあります。

☐ **4** **一緒に行きましょうか。** ○ Would you like me to〜?
　「私に一緒に行ってほしいですか」と言います。

☐ **5** **それをしてあげましょうか。** ○ Would you like me to〜?
　「あなたのために」という意味のfor youを使います。

☐ **6** **電気をつけましょうか。** ○ Do you want me to〜?
　「〜をつける」はturn on〜です。

☐ **7** **それについて彼に尋ねてみましょうか。** ○ Do you want me to〜?

☐ **8** **あなたをそこにお連れしましょう。** ○ Let me〜
　Let meの後ろは動詞の原形です。「〜してあげましょう」という意味です。

☐ **9** **その箱を運んであげましょう。** ○ Let me〜
　ここでも「あなたのために」のfor youを使うと自然な英語になります。

英会話のカギ

繰り返し学習Check! ▶ 1 2 3 4 5 □□□□□

「〜しましょうか」とか「〜させてください」と相手に申し出る場合、とても丁寧な言い方にShall I〜?やWould you like me to〜?があります。友人同士ではDo you want me to〜?の方が自然でしょう。文をLet me〜.で始めれば、より積極的な気持ちを表せます。

CD1 27　Track 27

1 Shall I open the window?
🔍 Shall Iの後ろは常に動詞の原形が来ます。

2 Shall I bring you something to read?
🔍 something toの後ろに動詞を使い「何か〜するもの」となります。

3 Shall I drive you home?
🔍 この場合homeは「家に」という副詞なので、「〜に」のtoはつけません。

4 Would you like me to go with you?
🔍 meを抜かさないように注意しましょう。toの後ろは動詞の原形です。

5 Would you like me to do it for you?

6 Do you want me to turn on the light?
🔍 lightの前にtheを忘れないように。「消す」はturn offまたはshut offです。

7 Do you want me to ask him about that?
🔍 want to〜は「〜したい」、want 人 to〜は「(人に) 〜してほしい」という意味です。

8 Let me take you there.
🔍 thereは「そこに」という副詞なので「〜に」のtoは必要ありません。

9 Let me carry that box for you.
🔍 carryには「(重いもの) を運ぶ」や「〜を持ち歩く」という意味があります。

UNIT 28

好き・嫌いを言う

▶▶▶▶ 英語では「好き・嫌い」を相手に言葉ではっきり伝えます。変に遠慮すると、Yes, or no? と聞き返されてしまいます。

□ **1** **ジャズがとても好きです。** ◗ like

🔎 「とても」は very much 以外を使ってみましょう。

□ **2** **あなたの新しいドレスが好きです。** ◗ like

□ **3** **サッカーは好きですか。** ◗ like

🔎 疑問文は主語の前に Do を置きます。

□ **4** **買い物はあまり好きではありません。** ◗ like

🔎 英語では「あまり」と「とても」は同じ語句を使います。

□ **5** **家族を愛しています。** ◗ love

□ **6** **インド料理がとても好きです。** ◗ love

🔎 料理は food で OK。

□ **7** **運転は大嫌いです。** ◗ hate

□ **8** **このような天気は大嫌いです。** ◗ hate

🔎 「天気」は weather を使います。

□ **9** **コーヒーより紅茶のほうがいいです。** ◗ prefer

🔎 prefer A to B で「B よりも A を好む」という意味です。

英会話のカギ

繰り返し学習Check! ▶ 1 2 3 4 5 □□□□□

「好き」である気持ちを表すには、一般的にlikeやloveを使います。hateは「大嫌い」という意味です。UNIT 10に出てきたpreferは「～のほうが好き」という意味で、別のものと比較するときに使います。

CD1 28
Track 28

第1章 定型フレーズ編

第2章 文法活用編

第3章 日常会話編

1 I like jazz a lot.
a lotはvery muchのくだけた言い方です。

2 I like your new dress.
これは褒める表現でもありますね。

3 Do you like soccer?

4 I don't like shopping very much.

5 I love my family.
loveはlikeよりも好きな気持ちが強いことを表します。

6 I love Indian food.
loveは人以外にも使います。「料理」にはcuisineという単語もありますよ。

7 I hate driving.
hateはdon't likeよりも嫌いな気持ちが強いことを表します。

8 I hate this kind of weather.
kindは「種類」という意味。this kind of ～で「このような～」となります。

9 I prefer tea to coffee.
preferはlikeと違い、比較を示す動詞です。

69

UNIT
29

分かる・分からない

▶ ▶ ▶ ▶ knowとunderstandを使うのが基本ですが、ニュアンスが違うので上手に使い分けましょう。

□ **1 それは分かっています。** ○ know

□ **2 あなたがおっしゃっていることは分かります。** ○ know

🔍「意味する」という動詞のmeanを使います。

□ **3 お気持ちは分かります。** ○ know

🔍「あなたがどう感じているのか分かります」と言います。

□ **4 その違いは理解できます。** ○ understand

□ **5 私が言っていることが理解できますか。** ○ understand

🔍2と同様、「〜すること」には「what 主語＋動詞」を使います。

□ **6 彼のプレゼンの要点が分かりましたか。** ○ get

🔍「要点」はpointです。

□ **7 よく分かりませんでした。** ○ get

🔍「まったく」という意味のquiteを使ってみましょう。

□ **8 さっぱり分かりません。** ○ have 〜 idea

□ **9 彼女がいつ戻るか分かりますか。** ○ have 〜 idea

🔍ideaの前にanyを使います。「戻る」はbe backです。

70

英会話のカギ

繰り返し学習Check! ▶ 1 2 3 4 5 □□□□□

「知っている」、「分かっている」はknowがよく使われます。「理解する」には
understandがありますが、knowは「(内容を) 確信している」というニュアンスで、
understandは「深く認識している」という意味です。基本動詞のgetやhaveを使
った表現もあります。

CD1 29
Track 29

1 I know that.

2 I know what you mean.
　　💬「what 主語＋動詞」で「〜すること」。この例では「あなたが意味すること」となります。

3 I know how you feel.

4 I understand the difference.
　　💬 冠詞のtheを忘れないようにしましょう。

5 Do you understand what I'm saying?

6 Did you get the point of his presentation?
　　💬 getには「〜を理解する」という意味があります。

7 I didn't quite get it.
　　💬「完全に分かったわけではない」という意味です。get it は [**グ**ーリッ] と発音します。

8 I have no idea.
　　💬 I don't know.の意味を強調するような表現です。

9 Do you have any idea when she'll be back?
　　💬 Do you have any idea? (分かりますか) とだけ言うこともできます。

UNIT
30

同意する・反対する

▶▶▶▶ アメリカなどでは、意見が違っているのは当たり前という考え方です。相手と異なる意見でもはっきりと言ってみましょう。

□ **1** その通りです。　○ right

　◎「それは正しい」という文になります。

- - - - -

□ **2** 君は絶対正しいよ。　○ right

　◎「絶対に」とか「まったく」という副詞のabsolutelyを使います。

- - - - -

□ **3** あなたに賛成です。　○ agree

- - - - -

□ **4** 私たちは彼女の意見に賛成です。　○ agree

　◎「意見」はopinionです。

- - - - -

□ **5** それはいい考えですね。　○ a good idea

- - - - -

□ **6** それはあまりいい考えではないと思います。　○ I don't think ～

　◎ 否定文での「あまり」はveryを使います。

- - - - -

□ **7** 私は賛成できないと思います。　○ I don't think ～

- - - - -

□ **8** 私はそれには反対です。　○ against

　◎ againstは前置詞です。前にbe動詞が必要です。

- - - - -

□ **9** 私たちは残業には反対です。　○ against

　◎「残業する」はwork overtimeです。

英会話のカギ

繰り返し学習Check! ▶ □□□□□
1 2 3 4 5

相手に同意するときには、相手がひと言言うたびにYes.を繰り返すのではなく、いろいろな表現を使ってみましょう。You're right.やI agree.などは、同意していることが明確に分かる表現です。

CD1 30
Track 30

1 That's right.
🔍 That's correct. とも言います。

2 You are absolutely right.
🔍 absolutelyのtの発音は「小さなツ」のようになり、ほとんど聞こえません。

3 I agree with you.
🔍 「〜に賛成だ」というときにはwith 〜を使います。

4 We agree with her opinion.
🔍 「反対する」はdisagreeです。

5 That's a good idea.
🔍 Sounds like a good idea. と言うこともできます。

6 I don't think that's a very good idea.

7 I don't think I can agree.
🔍 canではなくthink の方を否定します。

8 I'm against that.
🔍 againstの反対語はforで「〜に賛成」という意味です。

9 We are against working overtime.
🔍 againstの後ろの動詞は〜ing形にします。

73

日本語を直訳しても通じない

「この日本語は英語で何と言うのですか」と、学生からよく聞かれます。しかし、直訳しにくいもの、または直訳しても意味が通じないものもたくさんあり、「どういうふうに言いたいのですか」と聞き返します。

例えば、日本文化と関係が深い「雨」。日本語には「雨」に関する言葉がたくさんあります。「雨男」、「雨女」は英語で何と言ったらいいのでしょう。rain manやrain womanではまったく通じません。そんな言葉は英語にはないからです。「私は雨男（雨女）です」と言いたいときには、I always bring bad weather.（私はいつも悪い天気をもたらします）と言えばいいでしょう。

また、「時は金なり」のようにそのままTime is money.と英語に訳して上手くいく場合もあります。しかし、有名なアニメ「千と千尋の神隠し」はSpirited Away（こっそり連れ出される）と英訳されています。「神隠し」という概念がない英語圏文化にはそれに当たる言葉がないのです。つまり、文化がなければ言葉は存在しないということが言えます。韓国語ではなんと「千と千尋の行方不明」と訳されています。

第2章

中学英文法を英会話に生かす
文法活用フレーズ

基本的な文法知識を会話に生かす練習をします。文法をうまく利用することによって英会話の幅はぐんと広がり、言いたいことが言えるようになります。

CD1 31 ▶ **CD2** 15

ダウンロード音声 🎧 Track 31 ▶ Track 60

〈練習のしかた〉
練習① 左ページの日本語をヒントに、右ページの英語フレーズを言ってみましょう。
練習② 英語フレーズを見ながら、音声を聞いてみましょう。
練習③ 英語の音声だけを聞いてみましょう。自分でもリピートしましょう。
練習④ 日本語だけを見て、英語フレーズを言ってみましょう。

UNIT 31

「今」を話す
現在形

▶▶▶▶ 会話でも文の基本となるのは、be動詞と一般動詞です。応用の利くカンタンフレーズで練習しましょう。

□ **1** **私はとても幸せです。** ○ am

□ **2** **あなたはいい生徒ですね。** ○ are

◎「生徒」は student。数えられる名詞なので冠詞の a を忘れないように。

□ **3** **彼はいま東京にいます。** ○ is

□ **4** **私は毎日ピアノを弾きます。** ○ play

◎ play は「(楽器)を弾く」。楽器の名前の前には the をつけましょう。

□ **5** **あなたのジャケットはすてきですね。** ○ look

◎「〜はすてきに見える」と言います。

□ **6** **アスカは数学をとても熱心に勉強します。** ○ study

◎「熱心に」は hard です。

□ **7** **ローラには姉妹が2人います。** ○ have

◎「ローラは姉妹を2人持っている」と考えます。

□ **8** **私はよく上司に質問をします。** ○ ask

◎ ask の後ろにまず「上司」を持って来ます。

□ **9** **みんなは彼を JT と呼んでいます。** ○ call

動詞にはbe動詞と一般動詞があります。be動詞は「〜である」とか「存在する」という意味で使います。現在形はamとareとisで、主語によって使い分けます。一般動詞はplay（遊ぶ）やhave（持っている）など動作や状態を表します。3人称の単数が主語になる場合は通常語尾に-sや-esをつけます。

CD1 31
Track 31

1 I'm very happy.
🔍 「私」=「幸せ」ととらえます。happyはIの補語です。

2 You are a good student.
🔍 「あなた」=「いい生徒」。studentはyouの補語です。

3 He is in Tokyo now.
🔍 「彼は東京の中に存在する」ということです。

4 I play the piano every day.
🔍 「毎日〜する」という習慣には現在形を使います。

5 Your jacket looks nice.
🔍 主語が3人称単数の場合は-sをつけましょう。

6 Asuka studies math so hard.
🔍 yの前が子音で終わる場合はiに変えて-esをつけます。

7 Laura has two sisters.
🔍 主語が3人称単数の場合、haveはhasに変わります。

8 I often ask my boss questions.
🔍 目的語が2つ（my bossとquestions）あります。「ask 人＋質問」の順番です。

9 People call him JT.
🔍 「彼」（目的語）=「JT」（補語）の形になります。

第1章 定型フレーズ編

第2章 文法活用編

第3章 日常会話編

「これから」を話す
未来形

▶▶▶▶ 未来のことを言い表すのは will や be going to です。用法を理解すれば、未来のことを何でも話せるようになります。

□ 1 **リサは来年20歳になります。** ○ will

　📝 「〜になる」は be 動詞を使います。

□ 2 **明日はくもりです。** ○ will

　📝 「くもり」は cloudy です。

□ 3 **ベストを尽くします。** ○ will

　📝 「尽くす」は基本動詞 do を使います。

□ 4 **今夜お電話します。** ○ will

□ 5 **君に指輪を買ってあげるよ。** ○ will

　📝 「buy ＋人＋物」の順番です。

□ 6 **宿題を手伝ってあげるよ。** ○ will

　📝 help の後ろには「人」が来ます。

□ 7 **彼らは結婚する予定です。** ○ are going to

□ 8 **彼は来月ハワイを訪問する予定です。** ○ is going to

□ 9 **私はエンジニアになるつもりです。** ○ am going to

　📝 「〜になる」は become を使ってみましょう。

英会話のカギ

繰り返し学習Check! ▶ 1 2 3 4 5 □□□□□

willは「来年〜歳になります」のように自然にそうになる場合（単純未来）と、「電話します」のように自分の意志でそうする場合（意志未来）があります。be going toは「〜する予定です」、「〜するつもりです」と言いたいときに使います。

CD1 32

音声DL Track 32

1 Lisa will be twenty next year.
⚡ [単純未来] willの後ろは動詞の原形です。

2 It will be cloudy tomorrow.
⚡ [単純未来] 天気のことを言う場合はItを主語にします。

3 I will do my best.
⚡ [意志未来] 「do＋所有格＋best」で「ベストを尽くす」となります（UNIT 23の3参照）。

4 I will call you tonight.
⚡ [意志未来] 「〜に電話する」はgive 〜 a callとも言います。

5 I will buy you a ring.
⚡ [意志未来] buy a ring for youとも言えます。

6 I will help you with your homework.
⚡ [意志未来] 「help＋人＋with 〜」という形になります。

7 They are going to get married.
⚡ [予定] 「〜と結婚する」はget married to 〜です。

8 He is going to visit Hawaii next month.
⚡ [予定] visitの後ろにtoを入れないように注意しましょう。

9 I'm going to become an engineer.
⚡ [〜するつもり] become（〜になる）の代わりにbeを使うこともできます。

UNIT 33

「〜した」「〜だった」
過去形

▶▶▶▶ 過去のことは動詞を変化させるだけで話せます。不規則に変化する動詞があるので、しっかり覚えておきましょう。

□ **1** 私は先週忙しかったです。　　○ was

　📖「先週」のような時を表す副詞（句）は通常、文の最後に置きます。

□ **2** あなたはとても幸運でしたね。　　○ were

□ **3** 昨日は本当に天気がよかったですね。　　○ was

　📖「天気」はweatherです。

□ **4** 私たちは先週の日曜日にゴルフをしました。　　○ played

　📖「ゴルフをする」はplay golfです。

□ **5** 私は本当にゴッホの絵が好きでした。　　○ liked

　📖「本当に」という副詞は動詞の前に置きます。

□ **6** 学校は2週間前に始まりました。　　○ started

□ **7** 彼女は私にたくさんの情報をくれました。　　○ gave

　📖「くれる」、「あげる」はgiveです。

□ **8** 彼らは去年、家を建てました。　　○ built

□ **9** 彼は私にその事故について話してくれました。　　○ told

　📖 tell（told）の直後には「人」が来ます。

be動詞のamとisの過去形はwas、areの過去形はwereです。一般動詞の過去形は多くの場合、語尾にedがつきます。stoppedのように最後の子音が重なるもの、studiedのようにstudyの最後のyがiに変わってedがつくもの、cutのように形が変わらないもの、tell→toldのように形が変わるものなどがあります。

CD1 33
Track 33

1　I was busy last week.

🔎 主語が1人称単数（I）の場合、be動詞はwasを使います。

2　You were so lucky.

🔎 主語が2人称（you）の場合、be動詞はwereを使います。

3　The weather was so nice yesterday.

🔎 主語が3人称単数（The weather）の場合、be動詞はwasを使います。

4　We played golf last Sunday.

🔎 playedの語尾のedの発音は［-d］です。

5　I really liked van Gogh's paintings.

🔎 likedの語尾のedの発音は［-t］、「ゴッホ」はvan Gogh［ヴァンゴウ］です。

6　School started two weeks ago.

🔎 語尾のedの発音は［-id］となります。

7　She gave me a lot of information.

🔎 giveの過去形はgaveです。informationには複数のsはつけません。

8　They built the house last year.

🔎 buildの過去形はbuiltです。

9　He told me about the accident.

🔎 tellの過去形はtoldです。

第1章　定型フレーズ編

第2章　文法活用編

第3章　日常会話編

「〜している」
進行形

▶▶▶▶ 継続している動作を示すときに進行形を使います。他に、近未来の予定も進行形で表すことができます。

□ **1** 私は今テレビを見ています。　　◦ am watching

□ **2** 私たちはジェームズを待っています。　　◦ are waiting

□ **3** カオリは台所で夕食を作っています。　　◦ is cooking
　　◎「夕食」はdinnerです。

□ **4** 子どもたちはソファーに座っています。　　◦ are sitting
　　◎ child（子ども）の複数形はchildrenです。

□ **5** 彼女は明日、日本を出発する予定です。　　◦ is leaving
　　◎「明日」などの時を表す副詞はたいてい一番後ろに置きます。

□ **6** 私はそのときシャワーを浴びていました。　　◦ was taking

□ **7** 私たちはレストランでお昼ご飯を食べていました。　　◦ were eating
　　◎「〜で」のように場所を表す場合はatを使います。

□ **8** 彼はベッドに横たわっていました。　　◦ was lying
　　◎ lie（横になる）を〜ing形にするとlyingとなります。

□ **9** 学生たちは讃美歌を歌っていました。　　◦ were singing

繰り返し学習Check! ▶ 1 2 3 4 5 □□□□□

「〜している」のように動作の進行は「be動詞+〜ing形」を使います。現在形のbe動詞(am, are, is) +〜ing形で「〜している」(現在進行形)、過去形のbe動詞(was, were) +〜ing形で「〜していた」(過去進行形) となります。know (知っている) やlike (好きだ) のような状態を表す動詞は進行形にはなりません。

CD1 34

1 I'm watching TV now.

   Q 会話の場合、I amは普通I'mという短縮形を使います。

2 We are waiting for James.

   Q 「〜を待つ」と言う場合、waitの後ろにforを忘れないようにしましょう。

3 Kaori is cooking dinner in the kitchen.

   Q 「夕食」はsupperとも言います。

4 The children are sitting on the sofa.

5 She is leaving Japan tomorrow.

   Q 「be +〜ing形」で近い未来を表す場合もあります。

6 I was taking a shower then.

   Q 過去を表す言葉then (そのとき) があるのでwasを使い、過去進行形にします。

7 We were eating lunch at the restaurant.

   Q lunchにaはつきません。bigなどの形容詞がつくとa big lunchと言います。

8 He was lying down on the bed.

9 The students were singing Christmas carols.

   Q 主語が複数の場合、be動詞の過去形はwereを使います。

UNIT 35

「過去」から「現在」まで
現在完了形

▶▶▶▶ 過去の出来事は過去形、現在の事実は現在形を使いますが、「過去から現在まで継続している動作」には現在完了形を使います。

□ **1** 私はすでにその本を読み終えました。　　○ have finished

　　◎「すでに」はalready です。

□ **2** 父はちょうど帰ってきたところです。　　○ has come

　　◎「ちょうど」はjust です。

□ **3** フランクはニューヨークに行ってしまいました。　　○ has gone

□ **4** 私はハワイに2度行ったことがあります。　　○ have been

　　◎「1度」はonce、「2度」はtwice です。

□ **5** 私は彼に以前会ったことがあります。　　○ have met

□ **6** 私は5年間東京にいます。　　○ have been

　　◎「〜年間」など期間を表す場合はfor を使います。

□ **7** 私はデビーを長い間知っています。　　○ have known

□ **8** 私はこの会社に3年間勤めています。　　○ have been working

　　◎「〜に勤める」はwork for 〜を使いましょう。

□ **9** 昨日からずっと雨が降っています。　　○ has been raining

　　◎天候について話す場合、主語はIt でしたね（UNIT 22の8を参照）。

現在完了形の基本形は「have ＋過去分詞」です。過去分詞は過去形と同じ形のものが多いですが、独特に変化するものもあるので覚えておきましょう。「〜したことがある」という経験や、「ずっと〜している」という継続を表します。「〜してしまった」という完了や結果を表す場合もあります。

CD1 35 Track 35

1 I have **already** finished **reading that book.**

🔍「〜してしまった」という完了・結果の用法です。

2 **My father** has just come **home.**

🔍 My fatherは3人称単数です。hasを使いましょう。

3 **Frank** has gone **to New York.**

🔍 目的地に行ってまだ帰っていない場合はgoneを使います。

4 I have been **to Hawaii twice.**

🔍「行ったことがある」のように目的地に行き、帰って来ている場合はbeenを使います。

5 I have met **him before.**

🔍 4と同様、「〜したことがある」という経験の用法です。

6 I have been **in Tokyo for five years.**

🔍「存在する」という意味のbe動詞の過去分詞beenを使います。

7 I have known **Debby for a long time.**

🔍「知っている（know）」という状態の継続を表します。

8 I have been working **for this company for three years.**

🔍 workなど動作の動詞の継続は現在完了進行形（have been ＋〜ing形）を使います。

9 It has been raining **since yesterday.**

🔍 sinceの後ろにはyesterdayなど過去を表す単語が置かれて「〜以来」となります。

UNIT 36

「〜しない」意志を示す
否定文

▶▶▶▶ 否定文で話すときには、notがはっきりしないと肯定文に受け取られます。話す練習をしっかりしておきましょう。

☐ **1** 私はそんなにお腹が減っていません。　○ am not

☐ **2** ボブはスポーツが得意ではありません。　○ is not

☐ **3** 私は土日は仕事はしません。　○ don't

　◉ work（働く）の前にdon'tを置きます。

☐ **4** 彼女は野菜があまり好きではありません。　○ doesn't

　◉ like（好きだ）の前にdoesn'tを置きます。

☐ **5** すみません。聞いていませんでした。　○ wasn't

　◉ 過去進行形（be +〜ing形）にします。

☐ **6** 今朝は朝ご飯を食べませんでした。　○ didn't

　◉ eat（食べる）は一般動詞ですから、eatの前にdidn'tをつけます。

☐ **7** そのことは誰にも言いませんよ。　○ won't

　◉ 未来の文にはwon't（will notの短縮形）を動詞の前に置きます。

☐ **8** 彼には何年も会っていません。　○ haven't

　◉ haven'tの後ろはsee（会う）の過去分詞が来ます。

☐ **9** ニューヨークへは一度も行ったことがありません。　○ never

　◉ 「行ったことがある（ない）」（経験）はgoneではなくbeenを使います。

英会話のカギ

繰り返し学習Check! ▶ 1 2 3 4 5 ☐ ☐ ☐ ☐ ☐

「〜ではない」とか「〜しない」のように否定文を作る場合、be動詞は後ろにnotをつけるだけでOK。一般動詞は前にdon'tやdoesn'tなどをつけます。英語は日本語と違い、否定の言葉が主語のすぐ後に来るので、文の最初のほうで相手が何を言おうとしているのかが分かります。

CD1 36

Track 36

1 I'm not so hungry.

🔍 I'm notはI am notの短縮形です。

2 Bob is not good at sports.

🔍 「〜が得意だ」はbe good at 〜です。

3 I don't work on Saturdays or Sundays.

🔍 don'tはdo notの短縮形です。「土曜日に」など日を表すときはonを使います。

4 She doesn't like vegetables very much.

🔍 sheは3人称単数で現在形なのでdoesn't（does not）を使います。

5 I'm sorry. I wasn't listening.

6 I didn't eat breakfast this morning.

🔍 don'tとdoesn'tの過去形はdidn't（did not）です。

7 I won't tell anybody about it.

🔍 notとanybodyを一緒に使うと「誰も〜ない」のように全否定になります。

8 I haven't seen him for years.

🔍 過去から現在までずっと会っていないのですから現在完了形を使います。

9 I have never been to New York.

🔍 neverは「まったく〜ない」という意味。notの強調で使います。

「ですか」「ますか」
一般疑問文

▶▶▶▶ 疑問文は語順が変わるのでなかなか瞬時に出にくいものです。be動詞と一般動詞でそれぞれ練習しておくことが大切です。

☐ **1** **あなたは留学生ですか。**　◐ Are you 〜 ?

☐ **2** **彼女はまだオフィスで仕事をしていますか。**　◐ Is she 〜 ?
　　🔊「〜している」という現在進行形の疑問文です。

☐ **3** **クレジットカードを持っていますか。**　◐ Do you 〜 ?

☐ **4** **彼はこのあたりに住んでいますか。**　◐ Does he 〜 ?
　　🔊「このあたりに」は「地域」という意味のareaを使ってみましょう。

☐ **5** **会社に遅刻したんですか。**　◐ Were you 〜 ?
　　🔊 この場合、「会社」は「仕事」ととらえましょう。

☐ **6** **彼は部屋にいましたか。**　◐ Was he 〜 ?

☐ **7** **昨夜はよく眠れましたか。**　◐ Did you 〜 ?

☐ **8** **彼女はすぐ戻って来ますか。**　◐ Will she 〜 ?
　　🔊「すぐ」はsoonです。

☐ **9** **ヨーロッパに行ったことがありますか。**　◐ Have you 〜 ?
　　🔊「経験」を表す現在完了形を使います。

英会話のカギ

am、are、isなどbe動詞を使った文を疑問文にする場合、be動詞を主語の前に出します。一般動詞の場合は、doやdoesを主語の前に置きます。その場合、動詞の語尾の3人称単数のsやes、そして過去形は原形に戻します。通常、文の最後は上げ調子で発音します。

CD1 37
Track 37

1 Are you **an international student?**

🔍 You areの主語と動詞の順番を入れ替えるとAre youとなり、疑問文になります。

2 Is she **still working in her office?**

3 Do you **have a credit card?**

🔍 肯定文のYou haveの前にDoをつけて疑問文にします。

4 Does he **live in this area?**

🔍 Heという主語は3人称単数なので、DoではなくDoesです。

5 Were you **late for work?**

🔍 areの過去形はwereですね。be late for ～は「～に遅れる」です。

6 Was he **in his room?**

🔍 「存在する」というbe動詞を使います。活用はisの過去形のwasを使います。

7 Did you **sleep well last night?**

🔍 doとdoesの過去形はdidです。

8 Will she **be back soon?**

🔍 未来のことについて言う場合には主語にかかわらずwillを主語の前に出します。

9 Have you **ever been to Europe?**

🔍 「You have＋過去分詞」のhaveを主語（you）の前に出します。

「何？」「どれ？」
what / which

▶▶▶▶ whatは「何」、「何の」、「どんな」の意味で使います。使う頻度の高い疑問詞なので、基本フレーズを暗記しておきましょう。

□ 1 **何をしているのですか。** ● What 〜？
　　🔍 現在進行形の一般疑問文が後ろに続きます。

□ 2 **どういうご用件ですか。** ● What 〜？

□ 3 **どうしたのですか。** ● What 〜？
　　🔍 「問題は何なのですか」となります。

□ 4 **どんな音楽が好きですか。** ● What kind of 〜？
　　🔍 what kind of 〜？で「どんな（種類の）〜？」という意味です。

□ 5 **フィリピンでは何語を話すのですか。** ● What language 〜？
　　🔍 they（フィリピンに住んでいる人たち）を主語にします。

□ 6 **どちらがあなたのマグカップですか。** ● Which 〜？
　　🔍 二択（どちら）にはwhichを使います。

□ 7 **夏と冬とではどちらが好きですか。** ● Which 〜？
　　🔍 比較を表すbetter（より〜だ）を使います。

□ 8 **どのバスが銀座に行きますか。** ● Which bus 〜？
　　🔍 whichは二択の「どちら（の）」の他に、三択以上の「どれ（どの）」にも使います。

□ 9 **どのサッカーチームが一番好きですか。** ● Which 〜 team 〜？
　　🔍 best（いちばん〜だ）を使います。

whatやwhichなどの疑問詞を使って疑問文を作る場合は、一般疑問文の前に疑問詞を持ってきます。whatとwhichは名詞と結びついてひとまとまりになることもあります。例えば、what languageと言えば「何語」、what kindと言えば「どんな種類」、which teamと言えば「どのチーム」となります。

CD1 38
Track 38

1 What are you doing?
🔍 What（何を）はdoingの目的語です。

2 What can I do for you?

3 What's the matter?
🔍 matterは「問題」という意味です。What'sはWhat isの短縮形です。

4 What kind of music do you like?

5 What language do they speak in the Philippines?
🔍 フィリピンは群島なので複数形にします。固有名詞の複数形にはtheが必要です。

6 Which is your mug?
🔍 英語ではマグカップのことは1語でmugと言います。

7 Which do you like better, summer or winter?
🔍 summerを上げ調子、winterを下げ調子で発音しましょう。

8 Which bus goes to Ginza?
🔍 which busが主語なので、その後ろに動詞（goes）がきます。

9 Which soccer team do you like the best?
🔍 この場合、theを省略してもかまいません。

「だれ？」「だれの？」
who / whose

▶▶▶▶ who（誰）は主語になることが多い疑問詞です。応答も他の疑問詞とは異なるので、質問→応答の練習をしておきましょう。

□ **1** 彼は誰ですか。—— 彼は私の友だちです。　　○ Who ～ ?

□ **2** 彼らは誰ですか。—— 彼らは私の同僚です。　　○ Who ～ ?

□ **3** どちら様ですか（家の玄関で）。—— 僕だよ、ブライアンだよ。　○ Who ～ ?
　◎ 主語は it を使います。

□ **4** どちら様ですか（電話で）。—— アンですが。　　○ Who ～ ?
　◎「誰が電話をかけていますか」と聞きます。

□ **5** 誰が優勝しましたか。　　○ Who ～ ?
　◎ win（勝つ）の過去形を使います。

□ **6** これは誰のコンピュータですか。—— あ～、私のです。　○ Whose computer ～ ?
　◎ mine（私のもの）という所有代名詞を使います。

□ **7** あれは誰の車ですか。—— 私の父のです。　　○ Whose car ～ ?

□ **8** このコートは誰のですか。—— たぶんヨウコのものです。　○ Whose ～ ?
　◎「たぶん」は probably を使ってみましょう。

□ **9** これらの本は誰のですか。—— 私たちのです。　　○ Whose ～ ?
　◎ ours（私たちのもの）という所有代名詞を使います。

英会話のカギ

whoとwhoseを使った疑問文の作り方はUNIT 38と同じですが、whoはよく主語になります。例えば、She is Lisa.のLisaをwhoに変えて、Who is she?（彼女は誰ですか?）とします。whoseは直後に名詞を置いてwhose book（誰の本）となり、whose単独で「誰のもの」となります。

CD1 39
Track 39

1 Who is he? —— He is a friend of mine.

2 Who are they? —— They are my coworkers.
　🔍「同僚」はcolleagueとも言います。

3 Who is it? —— It's me, Brian.

4 Who's calling, please? ——This is Ann speaking.
　🔍 Who'sはWho isの短縮形。電話で「私は～」はThis is ～ (speaking).です。

5 Who won the championship?
　🔍 wonはwinの過去形。one［ワン］と発音が同じです。［ウォン］と発音しないように。

6 Whose computer is this? —— Oh, it's mine.

7 Whose car is that? —— It's my father's.
　🔍 fatherのように名詞や人の名前の場合は～ 'sの形で「～のもの」という意味になります。

8 Whose is this coat? —— It's probably Yoko's.
　🔍 Whose coat is this?とも言えます。

9 Whose are these books? —— They are ours.
　🔍 Whose books are these?とも言えます。

「いつ？」「どこ？」
when / where

▶▶▶▶ whenとwhereはTPOがはっきりした使いやすい疑問詞です。日本語につられて、atやtoなどをつけないようにしましょう。

□ 1 あなたの誕生日はいつですか。── 4月21日です。　● When 〜 ?

◎ 答えるときは「月」「日」の順番で言いましょう。

□ 2 夏休みはいつ始まりますか。　● When 〜 ?

◎「始まる」はstartを使ってみましょう。

□ 3 あなたはふつういつ運動しますか。　● When 〜 ?

◎「運動する」はexerciseです。

□ 4 いつ仕事を終えたのですか。　● When 〜 ?

□ 5 彼はいつシアトルを訪問する予定ですか。　● When 〜 ?

◎ 予定を表すbe going to 〜を使いましょう。

□ 6 すみません。お手洗いはどこですか。　● Where 〜 ?

□ 7 どこに行きたいですか。　● Where 〜 ?

□ 8 どこで彼に会う予定ですか。　● Where 〜 ?

□ 9 夕食はどこで食べましたか。　● Where 〜 ?

◎ 過去なのでdidを使います。eatの代わりにhaveを使ってみましょう。

第1章 定型フレーズ編

第2章 文法活用編

第3章 日常会話編

whenは「いつ」という「時」を表す疑問詞です。「何時」や「何日」などを尋ねるときに使います。whereは「どこ」という「場所」を表す疑問詞です。疑問詞としてはいずれも副詞の役目をしますので、主語にはなりません。

1 When is your birthday? —— It's April 21.

Track 40

🔍 日は数字で書きますが、読み方は序数 [トゥ**ウェ**ニー**ファー**ストゥ] です。

2 When does the summer vacation start?

3 When do you usually exercise?

🔍 usually（ふつう）など頻度を表す副詞は一般動詞の前、be動詞の後ろにきます。

4 When did you finish your work?

🔍 「過去のいつ終わったのか」と聞いているので、現在完了形は使えません。

5 When is he going to visit Seattle?

🔍 toの後ろは動詞の原形です。

6 Excuse me. Where is the restroom?

🔍 restroomはアメリカ英語。toilet（便所）は直接的な言い方なので避けられがちです。

7 Where do you want to go?

🔍 goの後ろに「〜に」という前置詞のtoを入れないように注意しましょう。

8 Where are you going to meet him?

9 Where did you have dinner?

🔍 haveは「食べる」や「飲む」という意味でも使います。

「なぜ？」
why

▶▶▶▶▶ 日本語では「まあ仕方ないな」と思うことでも、英語ではよく理由を聞かれるので答え方のパターンも練習しておきましょう。

□ **1** **なぜ彼は怒っているのですか。** ○ Why 〜 ?

🔎 be動詞を主語の前に出します。

□ **2** **なぜそれらはそんなに値段が高いのですか。** ○ Why 〜 ?

🔎 「値段が高い」は expensive です。

□ **3** **なぜ彼女は黙っていたのですか。** ○ Why 〜 ?

🔎 「黙っている」は「静かな」と考えます。

□ **4** **なぜそう思うのですか。** ○ Why 〜 ?

□ **5** **なぜ彼女はアンティークが好きなのですか。** ○ Why 〜 ?

□ **6** **なぜ英語を勉強するのですか。──いい仕事に就くためです。** ○ Why 〜 ?

🔎 「〜するために」の「to ＋動詞の原形」を使いましょう。

□ **7** **なぜ空港に行くのですか。──夫を迎えに行くためです。** ○ Why 〜 ?

🔎 「迎えに行く」は meet で OK です。

□ **8** **なぜ遅刻したのですか。──電車に乗り遅れたからです。** ○ Why 〜 ?

🔎 「乗り遅れる」は miss を使います。

□ **9** **なぜ彼女はパーティーに現れなかったのですか。──病気だったからです。** ○ Why 〜 ?

🔎 「現れる」は come で OK です。

Why ~ ?（なぜ~ ?）には「to +動詞の原形」（~するためです）や「Because 主語+動詞」（なぜなら~だからです）で答えるのが一般的です。whyの疑問文に答えるには、知識だけでは答えられないときがあります。論理的に理由を説明する力も身につけましょう。

CD1 41 Track 41

1 Why is he angry?
🔍「怒っている」はmadとも言います。

2 Why are they so expensive?

3 Why was she quiet?
🔍「黙っている」はsilentとも言います。

4 Why do you think so?

5 Why does she like antiques?
🔍主語のsheは3人称単数、時制は現在なのでdoesを使います。

6 Why do you study English? —— To get a good job.
🔍 UNIT 50 の「to不定詞の副詞的用法」を参照してください。

7 Why are you going to the airport? —— To meet my husband.
🔍近い未来は進行形「be動詞+~ ing形」を使います。

8 Why were you late? —— Because I missed the train.
🔍 Because（なぜなら）の後ろは「主語+動詞」です。

9 Why didn't she come to the party? —— Because she was sick.
🔍「現れる」「出席する」はshow upとも言います。

第1章 定型フレーズ編　第2章 文法活用編　第3章 日常会話編

「どのように？」「どれくらい？」
how

▶▶▶▶ howは「どういうふうに」という「方法・手段」、「どのような」
という「状態」を表し、多様な質問ができる便利な疑問詞です。

□ **1** 大阪の天気はどうですか。——晴れています。 　　　○ How ～ ?

　　◎「晴れている」はsunnyです。

□ **2** 日本までの飛行機の旅はいかがでしたか。——快適でした。 　○ How ～ ?

　　◎「飛行機（の旅）」はflightです。

□ **3** 会社へはどうやって行きますか。——電車で行きます。 　　○ How ～ ?

　　◎交通手段はby ～で表します。

□ **4** 食事は美味しかったですか。——とても美味しかったです。 　○ How ～ ?

　　◎「食事はどのくらい好きでしたか」と言ってみましょう。

□ **5** それはいくらですか。——25ドルです。 　　○ How much ～ ?

□ **6** あなたの息子さんは何歳ですか。—— 9歳です。 　　○ How old ～ ?

□ **7** CDを何枚持っていますか。——約200枚です。 　　○ How many ～ ?

□ **8** どのくらい頻繁にジムに行きますか。——週に1回行きます。 　○ How often ～ ?

　　◎「1回」はonceです。

□ **9** ここでどのくらい長く働いていますか。——7年働いています。 　○ How long ～ ?

　　◎現在完了進行形を使います。

英会話のカギ

日本の人はhowとwhyの質問には弱い傾向があります。ある程度の説明ができるように練習しておきましょう。howは、long（長い）やold（古い、年をとっている）など、他の言葉と結びついてhow long（どのくらい長い）とかhow old（どのくらい古い、何歳）のように「程度」を尋ねるときにも使います。

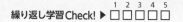

1 How is the weather in Osaka? ——It's sunny.

🔍 weather（天気）の前にtheを忘れないようにしましょう。

2 How was your flight to Japan? ——It was great.

3 How do you go to work? —— By train.

🔍 交通手段の場合には、trainなど乗り物を表す語にaやtheはつけません。

4 How did you like the food? ——I liked it very much.

🔍 I liked it〜のitを忘れないようにしましょう。

5 How much is it? —— It's 25 dollars.

6 How old is your son? —— He is nine years old.

🔍 He is nine. だけでもOKです。

7 How many CDs do you have? ——About two hundred.

🔍 200でもhundredに複数のsはつけません。

8 How often do you go to the gym? ——Once a week.

🔍 2回はtwice、3回以降はthree times, four times...となります。

9 How long have you been working here? ——For seven years.

🔍 現在完了進行形の疑問文の文頭にHow longをつけた形です。

UNIT 43

「ですよね？」「でしょう？」
付加疑問文

▶▶▶▶ 付加疑問文は文を言い切ったあとで、文の最後に「ですよね？」や「でしょう？」というニュアンスをつけ加えます。

□ 1 **あなたはアメリカ出身ですね。** ◑ 〜 aren't you?

　　　@「〜出身」と言うときは from を使います。

□ 2 **これはあなたの傘ですね。** ◑ 〜 isn't it?

□ 3 **あなたは日本語を話しますね。** ◑ 〜 don't you?

□ 4 **福田さんは銀行で働いていますね。** ◑ 〜 doesn't she?

　　　@「〜で働く」は work for 〜です。

□ 5 **ジョージは昨日ここに来ましたね。** ◑ 〜 didn't he?

□ 6 **あなたはカナダに行ったことがありますね。** ◑ 〜 haven't you?

　　　@「行ったことがある」は「経験」を表す現在完了形です。

□ 7 **彼は家にいませんね。** ◑ 〜 is he?

　　　@「家に」は at home ですが home だけでも大丈夫です。

□ 8 **あなたは野菜が好きではありませんね。** ◑ 〜 do you?

□ 9 **散歩に行きましょうか。** ◑ 〜 shall we?

　　　@ Let's で始めます。

繰り返し学習Check! ▶ 1 2 3 4 5 ☐☐☐☐☐

付加疑問文は、自分が言ったことを確認したり、響きを和らげたりする効果があります。通常、主文が肯定文の場合には否定文を、否定文の場合には肯定文をつけ足します。主語については、それぞれの文の主語と同じもの（または代名詞）を使います。

CD1 43

1 You are from America, aren't you?
🔍 be動詞を使った文を付加疑問文にするには、同じbe動詞をつけ足します。

2 This is your umbrella, isn't it?
🔍 主文のisが肯定ですから、否定のisn'tを使います。thisやthatはitに変えます。

3 You speak Japanese, don't you?
🔍 speakのような一般動詞には、don'tやdoesn'tを使います。

4 Ms. Fukuda works for a bank, doesn't she?
🔍 主語が固有名詞の場合は代名詞（この場合はshe）を使います。

5 George came here yesterday, didn't he?
🔍 過去形にはdidn'tを使います。

6 You have been to Canada, haven't you?
🔍 現在完了形はhaveをhaven'tにします。don'tにしないように注意しましょう。

7 He is not home, is he?
🔍 主文が否定（is not）ですから、肯定（is）をつけ足します。

8 You don't like vegetables, do you?

9 Let's take a walk, shall we?
🔍 Let'sの文にはshall we?をつけ足します。

丁寧な言い方をしたい
命令文

▶▶▶▶▶ 英語の命令文は実に簡単！ 文を動詞の原形で始めればいいのです。Pleaseをつけた丁寧な依頼パターンも練習しましょう。

☐ **1** **座りなさい。** ● Have ～

🔖「座席を持ちなさい」と考えます。

☐ **2** **私の言うことを信じなさい。** ● Take ～

🔖「私の言葉」に当たる英語を使います。

☐ **3** **もっとゆっくり話してください。** ● Please ～

🔖「ゆっくりと」はslowlyです。

☐ **4** **一緒に来てください。** ● Please ～

☐ **5** **お酒を飲み過ぎないように。** ● Don't ～

🔖「お酒を飲む」はdrinkだけでOK。「お酒」という名詞はいりません。

☐ **6** **みんなに親切にしなさい。** ● Be ～

🔖「親切な」はniceを使ってみましょう。

☐ **7** **美術館内では静かにしてください。** ● Please ～

☐ **8** **そんなささいなことで怒らないで。** ● Don't ～

🔖「怒っている」はangryを使いましょう。

☐ **9** **図書館ではおしゃべりをしないでください。** ● Please don't ～

🔖「おしゃべりをする」はtalkを使いましょう。

1 2 3 4 5

命令文は「あなた」か「あなたたち」に対してしか言わないので、主語のyouが省かれます。be動詞の場合はBeで始め、否定文はDon'tで始めます。Pleaseをつければ丁寧な依頼の文になります。

Track 44

1 Have a seat.
🔍 もちろんSit down.でもOK。Take a seat.とも言います。

2 Take my word for it.
🔍「私の言葉」(my word) を「(心に) 取り入れる」(take) というイメージです。

3 Please speak more slowly.
🔍 動詞の原形の前にpleaseをつけると「〜してください」と丁寧な言い方になります。

4 Please come with me.

5 Don't drink too much.
🔍 否定の命令文はDon'tで始めましょう。

6 Be nice to everybody.
🔍 You are nice.のYouを省略して、areを原形のbeに変えると考えます。

7 Please be quiet in the museum.

8 Don't be angry about such a small thing.

9 Please don't talk in the library.
🔍 pleaseはdon'tの前につけます。

第1章 定型フレーズ編

第2章 文法活用編

第3章 日常会話編

動詞に意味を添える
助動詞

▶▶▶▶ 助動詞をうまく使えば、可能・可能性・義務・禁止など、動詞にさまざまな意味を添えられます。

□ **1** ジュンコは英語とスペイン語が話せます。　　◯ can

□ **2** ギターを弾けますか。——はい、弾けます。/ いいえ、弾けません。　◯ can

　🔎 疑問文を作るには助動詞 can を主語の前に出しましょう。

□ **3** もう帰ってもいいですよ。　◯ may

　🔎 leave（帰る、立ち去る）を使いましょう。

□ **4** あなたが正しいかもしれません。　◯ may

□ **5** あなたは今すぐそれをしなければなりません。　◯ must [have to]

　🔎 have to は［ハフトゥ］と発音します（UNIT 26 の 5 を参照）。

□ **6** あなたは疲れているに違いありません。　◯ must

□ **7** そこに入ってはいけません。　◯ must not

　🔎「～してはいけない」と「禁止」の意味にするには must not とします。

□ **8** 私と一緒に来なくてもいいですよ。　◯ don't have to

　🔎 一般動詞の否定文と同じように don't を使います。

□ **9** 飛行機の時刻を調べるべきですよ。　◯ should

　🔎「調べる」は check を使ってみましょう。

英会話のカギ

繰り返し学習Check! ▶ 1 2 3 4 5 □□□□□

run（走る）という動詞の前に助動詞のcan（～できる）をつけ、can runとすることによって「走ることができる」となります。主語が何であれ、助動詞の後ろは動詞の原形です。疑問文は助動詞を主語の前に出し、否定文は助動詞の後ろにnotをつけます。

CD1 45

Track 45

1 Junko can speak English and Spanish.

🔍 Junko speaksはcanをつけるとspeak（動詞の原形）になります。

2 Can you play the guitar? ——Yes, I can. / No, I can't.

3 You may leave now.

🔍 mayは「～してもよい」です。

4 You may be right.

🔍 mayには「～かもしれない」という意味もあります。

5 You must [have to] do it right now.

🔍 mustは強い強制です。right nowは「今すぐ」です。

6 You must be tired.

🔍 mustには「～に違いない」という意味もあります。

7 You must not go in there.

🔍 must notはmustn't[マスントゥ]とも言います（UNIT 26の4を参照）。

8 You don't have to come with me.

🔍 mustとhave toはほぼ同じ意味でも、否定文になると意味が変わります。

9 You should check the plane schedule.

第1章 定型フレーズ編

第2章 文法活用編

第3章 日常会話編

上手に使おう
受動態

▶▶▶▶ 会話の中で受動態を何度も繰り返して使いすぎると、内容が消極的な響きになることがあります。適度に使うようにしましょう。

□ **1** フランスは多くの芸術家によって訪問されます。　　◎ is visited

　　◎「～によって」は by ～です。

□ **2** その本は彼女によって書かれました。　　◎ was written

　　◎ by の後ろが代名詞の場合は目的格を使います。

□ **3** すべての仕事は小坂さんによってなされました。　　◎ was done

□ **4** このシステムは日本企業によって導入されました。　　◎ was introduced

□ **5** リンダの犬はクピピと呼ばれています。　　◎ is called

　　◎ 周りの人たち全員にそう呼ばれているので by ～は言わなくても分かります。

□ **6** ここからたくさんの星が見られます。　　◎ can be seen

　　◎ これも特定の人によって見られるわけではないので by ～は省略します。

□ **7** 小包は明日送られます。　　◎ will be sent

□ **8** 食事はちょうど今作られています。　　◎ is being cooked

　　◎「ちょうど今」は right now を使ってみましょう。

□ **9** コンピュータはちょうど修理されたところです。　　◎ has been repaired

　　◎「ちょうど」は just を使います。

英会話のカギ

受動態は「〜される」のように、主語が他から動作をしかけられる「受け身」の意味を表します。基本形は「be動詞＋過去分詞」です。例えば、「私はインタビューされました」はI was interviewed.となります。過去分詞は過去形と同じ形のものが多いですが、まったく形が異なるものもあるで、少しずつ覚えていきましょう。

CD2 01

Track 46

1 France is visited by many artists.

2 That book was written by her.
 🔍 she は主格、her が目的格です。

3 All the work was done by Mr. Kosaka.
 🔍 work（仕事）は数えられない名詞なので単数扱いです。done はdoの過去分詞です。

4 This system was introduced by a Japanese company.
 🔍 introduce は「紹介する」、「導入する」という意味です。

5 Linda's dog is called Kupipi.
 🔍 補語（Kupipi）はcalledの直後に置きます。

6 A lot of stars can be seen from here.
 🔍 canなど助動詞がある場合は、be動詞は原形にします。

7 The package will be sent tomorrow.
 🔍 will も未来を表す助動詞なのでbe動詞は原形を使います。

8 The food is being cooked right now.
 🔍 現在進行形の受動態（〜されている）は「be動詞＋being＋過去分詞」です。

9 The computer has just been repaired.
 🔍 現在完了形の受動態（〜されたところです）は「have been＋過去分詞」です。

第1章 定型フレーズ編

第2章 文法活用編

第3章 日常会話編

「あります」「います」
there is 構文

▶▶▶▶ There is / are ～は「～があります」や「～がいます」のように存在を表現するための文です。

□ 1 **テーブルの上に新聞があります。** ● There is ～

🔊「ひとつの新聞」と考えて単数形を使いましょう。

□ 2 **門のところに警備員がいます。** ● There is ～

🔊「門」という「場所」を表す前置詞atを使います。

□ 3 **日本には温泉がたくさんあります。** ● There are ～

🔊「温泉」はhot springです。

□ 4 **この近くに郵便局がありますか。** ● Is there ～?

□ 5 **冷蔵庫の中に卵がありますか。** ● Are there ～?

🔊「冷蔵庫」はrefrigeratorです。

□ 6 **彼の部屋には大きなソファーがありました。** ● There was ～

🔊 単数の過去形にはwasを使います。

□ 7 **スタジアムにはたくさんの人がいました。** ● There were ～

🔊 複数の過去形にはwereを使います。

□ 8 **昔そこに大きな桜の木がありました。** ● There used to be ～

🔊「大きな」はhuge（巨大な）を使ってみましょう。

□ 9 **あまり時間が残っていません。** ● There is not ～

🔊「残されて」という意味のleft（leaveの過去分詞）を使います。

英会話のカギ

繰り返し学習Check! ▶ 1 2 3 4 5 □□□□□

日本語では生物（植物以外）には「います」を使い、無生物には「あります」を使いますが、英語にはその使い分けはありません。その代わりに、後ろに来る名詞が単数であればThere is ～ .(There was ～ .)、複数であればThere are ～ .(There were ～ .)とします。

CD2 02
Track 47

1 There is a newspaper on the table.

🔍 newspaper の前に冠詞の a を忘れないようにしましょう。

2 There is a guard at the gate.

🔍「警備員」は guard です。「ガードマン」は和製英語です。

3 There are many hot springs in Japan.

🔍「たくさんの温泉」なので複数形にします。there are を使いましょう。

4 Is there a post office around here?

🔍 疑問文は there is の語順を逆にします。「この近くに」は near here でも OK。

5 Are there any eggs in the refrigerator?

🔍 疑問文では any は「いくつか」という意味で使います。

6 There was a big sofa in his room.

🔍「ありました」ですから過去形にするのを忘れないように。

7 There were many people in the stadium.

🔍 stadium の発音は [ステイディアム] と聞こえます。

8 There used to be a huge cherry tree there.

🔍 used to は「昔はそうだったが今はそうではない」という意味です。

9 There is not much time left.

🔍 time は数えられない名詞なので many ではなく much を使います。

第1章 定型フレーズ編

第2章 文法活用編

第3章 日常会話編

109

「〜すること」 to不定詞 名詞的用法

▶▶▶▶ 「〜すること」という名詞の働きをして、主語や補語、目的語として使います。「動詞＋to不定詞」の常用表現も練習します。

□ **1** バイオリンを弾くことは難しいです。 ○ To play 〜

□ **2** 英語を学ぶことはとても大切です。 ○ To study 〜

□ **3** 毎日運動することは健康に良いです。 ○ To exercise 〜

□ **4** 彼の仕事は輸入車を売ることです。 ○ to sell

□ **5** 私の趣味は写真を撮ることです。 ○ to take

□ **6** 彼ともう一度話したいです。 ○ to talk
◎ 「話したい」は「話すことを欲する」と考えます。

□ **7** ドナは突然泣き始めました。 ○ to cry
◎ 「泣くことを始めた」と考えます。

□ **8** 私はお金を貯めようと努力しました。 ○ to save
◎ 「貯めることを試みた」と考えます。

□ **9** 私たちはそこにタクシーで行くことに決めました。 ○ to go

繰り返し学習Check! ▶ 1 2 3 4 5 □□□□□

「to不定詞」とは「to＋動詞の原形」のことです。名詞的用法（〜すること）では、例えば、to exerciseは「運動すること」という意味になります。To exercise is important.（運動することは大切です）のように主語にも、I need to exercise.（私は運動することが必要です）のように目的語や、補語でも使うことができます。

CD2 03 Track 48

1 To play the violin is difficult.

🔍 playの後ろに楽器名が来る場合はtheが必要です。

2 To study English is very important.

3 To exercise every day is good for your health.

🔍 exerciseは「運動」という名詞と「運動する」という動詞があります。

4 His job is to sell imported cars.

5 My hobby is to take pictures.

🔍 to takeの代わりにtakingでもOK（UNIT 52参照）。

6 I want to talk to him again.

🔍 talk to 〜（talk with 〜）は「〜と話す」です。

7 Donna suddenly began to cry.

🔍 begin（始める）の過去形beganを使います。

8 I tried to save money.

9 We decided to go there by taxi.

🔍 by taxiは「タクシーで」。交通手段の場合はbusなど乗り物にaはつけません。

UNIT 49

「〜するための」
to 不定詞 形容詞的用法

▶▶▶▶ 形容詞的用法は後ろから名詞を修飾します。話すときには、名詞につけ足す感覚で言うといいでしょう。

☐ **1** 今日はするべきことがたくさんあります。　　◎ to do

　◎ 文を I have で始めてみましょう。

☐ **2** 何か飲み物が欲しいです。　　◎ to drink

　◎ 「何か」は something を使います。

☐ **3** 何か読むものがありますか。　　◎ to read

　◎ 「ありますか」は「持っていますか」と考え、have を使います。

☐ **4** 何も言うことはありません。　　◎ to say

☐ **5** 沖縄には見るべき場所がたくさんあります。　　◎ to see

　◎ there is 構文を使ってみましょう。

☐ **6** 私たちは手伝ってくれる誰かを探しています。　　◎ to help

　◎ 「探す」は look for です。

☐ **7** 私にはかけるべき重要な電話があります。　　◎ to make

☐ **8** 彼は話す友だちが 1 人もいません。　　◎ to talk

　◎ He doesn't で始めます。

☐ **9** 彼女には世話をする小さい子どもたちがいます。　　◎ to take

　◎ 基本動詞 have を使います。

英会話のカギ

繰り返し学習Check! ▶ 1 2 3 4 5 □□□□□

to不定詞の形容詞的用法は、to不定詞が名詞を修飾する用法です。例えば、a book to read（読むための本）のようにto不定詞を名詞の後ろに置きます。something to drinkなら「飲むための何か」、つまり「何か飲み物」という意味になります。

CD2 04
Track 49

1 I have a lot of things to do today.

🔍「するべきこと」は「するためのこと」と考えます。

2 I'd like something to drink.

🔍 I'd likeはI wantの丁寧な言い方です。I want something to drink. でもOKです。

3 Do you have anything to read?

🔍 someは通常、疑問文と否定文ではanyに変わります。

4 I don't have anything to say.

🔍「not + any」で「何も～ない」という全否定になります。

5 There are many places to see in Okinawa.

6 We are looking for someone to help us.

🔍 今探しているので現在進行形（be動詞＋～ing）を使います。

7 I have an important phone call to make.

🔍「かける」は基本動詞のmakeを使います。

8 He doesn't have any friends to talk with.

🔍「not + any」＝「全然～ない」。talkの後ろのwithを忘れないように。

9 She has little children to take care of.

🔍 take care of ～は「～の世話をする」です。

第1章 定型フレーズ編

第2章 文法活用編

第3章 日常会話編

「～するために」
to不定詞 副詞的用法

▶▶▶▶ 「～するために」という目的の用法でよく使います。主文のあとに
つけ加えるように話しましょう。

□ 1　**私は食料品を買うためにスーパーに行きました。**　○ to buy

　📖「食料品」は groceries です。

□ 2　**私たちは快速電車に乗るために走りました。**　○ to catch

　📖「(電車など) に乗る」は catch です。

□ 3　**私は友だちに会うために喫茶店に行きます。**　○ to meet

□ 4　**彼は経営学を学ぶために大学に行きました。**　○ to study

□ 5　**彼女はいい成績を取るために一生懸命に勉強しました。**　○ to get

　📖「成績」は grade です。

□ 6　**私はホットケーキを作るためにミルクと卵を買いました。**　○ to make

　📖「ホットケーキ」は pancake と言います。

□ 7　**私はアドバイスをもらうために彼女に会いに行く予定です。**　○ to ask

　📖「～する予定です」は be going to ～を使いましょう。

□ 8　**ジムは電話をするために立ち止まりました。**　○ to make

　📖「電話をする」は make を使います (UNIT 49の7を参照)。

□ 9　**私は健康であるために毎日ジョギングをします。**　○ to stay

　📖「ジョギングをする」は jog という動詞を使います。

---

to不定詞の副詞的用法にはいくつか種類がありますが、ここでは「目的」（〜するために）を表す使い方を取り上げます。例えば、I go to college to study Medicine.（私は医学を勉強するために大学に行っています）のように、動詞（この場合go）を後ろから修飾します。

CD2 05
Track 50

1 I went to the supermarket to buy some groceries.

🔍「スーパーに行った」と言った後で「食料品を買うために」と言います。

2 We ran to catch the express train.

🔍 express trainは「快速電車、急行電車」。「各駅停車」はlocal trainです。

3 I'll go to the coffee shop to meet my friends.

4 He went to college to study Business.

🔍「経営学」はbusinessまたはbusiness administrationです。

5 She studied hard to get good grades.

🔍 科目が複数であればgradeは複数形にしましょう。

6 I bought some milk and eggs to make pancakes.

7 I'm going to meet her to ask for some advice.

🔍 ask for 〜は「〜を要求する」という意味です。

8 Jim stopped to make a phone call.

🔍 make a phone callは「電話をする」という意味です。

9 I jog every day to stay healthy.

🔍「stay ＋形容詞」で「〜の状態のままでいる」という意味です。

UNIT 51

「日時」「天気」を話す
itの用法

▶▶▶▶ itには「それ」と訳さない特別な用法があります。「日時」、「天候」、「寒暖」、「明暗」などを表すために主語として使います。

□ **1** 今日は暑いです。　○ It is ~

□ **2** 雨がひどく降っています。　○ It is ~

　@「ひどく」はhardです。

□ **3** この部屋はとても暗いですね。　○ It is ~

□ **4** 今何時ですか。―― 5時半です。　○ ~ is it ?

□ **5** 今日は何曜日ですか。――火曜日です。　○ ~ is it ?

　@「何曜日」はwhat dayと言います。

□ **6** そこに着くのに約10分かかります。　○ It takes ~

　@ to不定詞の副詞的用法（~するために）を使います。

□ **7** アメリカを旅行するのにすごくお金がかかりました。　○ It cost ~

　@ 6と同様にto不定詞の副詞的用法（~するために）を使います。

□ **8** 外国を訪れるのは面白いです。　○ It ~ to ~

　@ まず「面白い」と言って、何が面白いかを後で言います。

□ **9** この仕事をすることは私にとって難しいです。　○ It ~ to ~

　@「~にとって」はfor ~です。

繰り返し学習Check! ▶ 1 2 3 4 5 □ □ □ □ □

「暑い」はIt is hot.、「雨が降る」はIt rains.です。「(時間が) かかる」はIt takes
〜 .、「(費用が) かかる」はIt costs 〜 .と言います。また、to不定詞 (名詞的用法)
の仮の主語としても使います。

CD2 06
Track 51

1 **It is hot today.**
もちろんToday is hot.でもOK。

2 **It is raining very hard.**

3 **It is so dark in this room.**

4 **What time is it now? —— It's 5:30.**

5 **What day is it today? —— It's Tuesday.**
「今日は何日ですか」はWhat's the date today?です。

6 **It takes about ten minutes to get there.**
「It takes(＋人) ＋所要時間＋to不定詞」で「人に (時間が) かかる」という意味です。

7 **It cost me a lot of money to travel in America.**
cost (費用がかかる) の過去形は、現在形と同じcostです。

8 **It is interesting to visit foreign countries.**
Itはto以下を示す仮の主語です。実際の主語はto以下です。

9 **It is difficult for me to do this work.**
for 〜 (〜にとって) は通常toの前に置きます。

117

「〜すること」
動名詞

▶▶▶▶ 動名詞は文字通り、動詞が名詞化したもので「〜すること」という意味になり、〜 ing形で表します。

□ 1 **英語を話すことはそんなに簡単ではありません。** ○ Speaking 〜

□ 2 **海岸沿いにドライブするのはとても楽しいです。** ○ Driving 〜
　　　 🔎「海岸」はcoastです。

□ 3 **私の趣味はクラシック音楽を聴くことです。** ○ listening
　　　 🔎「クラシック音楽」はclassical musicです。

□ 4 **早朝に散歩をすることが好きです。** ○ taking
　　　 🔎「散歩をする」はtake a walkです。

□ 5 **おしゃべりをやめてもらえませんか。** ○ talking
　　　 🔎「stop 〜 ing」で「〜することをやめる」です。

□ 6 **先週の日曜日はテニスをして楽しみました。** ○ playing

□ 7 **昼食はもう食べ終わりましたか。** ○ eating
　　　 🔎 疑問文で「もう」はyetを使います。

□ 8 **ドアを開けてくださいませんか。** ○ opening
　　　 🔎 動詞はmindを使ってみましょう。

□ 9 **間違うことを恐れないでください。** ○ making
　　　 🔎「間違いをおかす」はmake mistakesです。

動名詞は「〜すること」となるのでto不定詞の名詞的用法と同じように使われる場合もあります。ただし、enjoy、finish、mindなど特定の動詞の後ろや、of、on、fromなど前置詞の後ろには動名詞を使い、to不定詞の名詞的用法を使うことはできません。

CD2 07
Track 52

1 Speaking English is not so easy.

2 Driving along the coast is a lot of fun.
💡 along 〜は「〜に沿って」。「とても楽しい」はa lot of fun（たくさんの楽しみ）です。

3 My hobby is listening to classical music.
💡 listeningの後ろのtoを忘れないようにしましょう。

4 I like taking a walk early in the morning.

5 Will you please stop talking?
💡 Will you 〜 ?は「〜してくれませんか」と人にお願いをするときに使います。

6 We enjoyed playing tennis last Sunday.
💡 enjoyの後ろはto不定詞ではなく動名詞です。

7 Have you finished eating lunch yet?
💡「〜してしまった」は現在完了形です。

8 Would you mind opening the door for me?
💡 Would you mind 〜 ing ?はとても丁寧なお願いの表現です。

9 Don't be afraid of making mistakes.
💡 前置詞ofの後ろはto不定詞は使えません。

第1章 定型フレーズ編

第2章 文法活用編

第3章 日常会話編

「～している」「～された」
現在分詞・過去分詞

▶▶▶▶ 現在分詞は「～している…」という能動の意味で、過去分詞は「～された…」という受動の意味で名詞を修飾します。

☐ 1 その眠っている赤ちゃんを起こさないで。　◉ sleeping

☐ 2 私の娘はほえている犬が怖い。　◉ barking
　　◎「～が怖い」はbe afraid of ～を使います。

☐ 3 ベンチに座っている女の人は私の母です。　◉ sitting
　　◎ どんな女の人かを後ろで説明します。

☐ 4 ドアのそばに立っている男の子を知っていますか。　◉ standing
　　◎ どんな男の子なのかを後ろで説明します。

☐ 5 私は先月、中古車を買いました。　◉ used

☐ 6 割れたガラスを踏まないでください。　◉ broken
　　◎「～を踏む」はstep on ～です。

☐ 7 彼はスイス製の時計を持っています。　◉ made
　　◎「スイスで作られた時計」と考えます。

☐ 8 インドで話されている言語は何ですか。　◉ spoken

☐ 9 幸運を祈っておいてください。　◉ crossed
　　◎ 基本動詞keepを使います。

 英会話のカギ

現在分詞は動名詞と見た目は同じ〜 ing形で進行形に使います。過去分詞は受動態や完了形に使います。ここでは、現在分詞・過去分詞が名詞を修飾する例を挙げます。a sleeping babyのように名詞の前に置いたり、a baby sleeping in the roomのように副詞句(in the room)がある場合はまとめて名詞の後ろに置きます。

CD2 08
Track 53

1 Don't wake that sleeping baby.

🔍 sleeping（眠っている）が名詞babyを前から修飾します。

2 My daughter is afraid of barking dogs.

🔍 barking 〜は「ほえている〜」となります。〜 ing形は進行の意味があります。

3 The woman sitting on the bench is my mother.

🔍 sittingとon the benchを切り離せないので、まとめてwomanの後ろに置きます。

4 Do you know the boy standing by the door?

🔍 3と同様に「ドアのそばに」のような副詞句がある場合は後ろから修飾します。

5 I bought a used car last month.

🔍 過去分詞usedは「使われた」という意味でcarを前から修飾します。

6 Don't step on that broken glass.

🔍 過去分詞は受け身の意味。breakの過去分詞、brokenは「割られた」という意味です。

7 He has a watch made in Switzerland.

🔍 made in Switzerlandがwatchを後ろから修飾します。

8 What is the language spoken in India?

🔍 spokenはspeakの過去分詞で「話される」となります。

9 Please keep your fingers crossed.

🔍 直訳は「指が交差された状態を保つ」ですが「幸運を祈る」という決まり文句です。

「～させる」「～してもらう」
使役動詞

▶▶▶▶ 「人に～させる」、「人に～してもらう」などと言いたいときに使う動詞です。make / let / have / getでニュアンスも異なります。

□ **1** 上司が私たちに夜遅くまで仕事をさせました。　○ make

□ **2** そのにおいは私の気分を悪くさせます。　○ make
🔎「におい」はsmellです。

□ **3** 父が車を運転させてくれた。　○ let
🔎letは現在形と過去形は同じ形です。

□ **4** もし助けが必要なら知らせてください。　○ let
🔎「知るようにさせてあげる」と考えます。

□ **5** 私は妹に皿を洗ってもらいました。　○ have

□ **6** 自動車整備士に車を見てもらいます。　○ have
🔎「自動車整備士」はmechanicです。

□ **7** 彼女は血液を検査してもらった。　○ have
🔎「検査する」はcheckを使ってみましょう。

□ **8** 明日、髪を切ってもらいます。　○ get
🔎cut（切る）の過去分詞は現在形と同じcutです。

□ **9** このプリンターを来週までに修理してもらえませんか。　○ get
🔎「修理する」はfixを使ってみましょう。

英会話のカギ

繰り返し学習Check! ▶ 1 2 3 4 5 □□□□□

「使役動詞＋目的語＋動詞の原形（過去分詞）」という形でよく使います。makeは主語が「人」の場合は、通常「強制」（無理に〜させる）です。letは「〜させてあげる」、haveは「（頼んで）〜してもらう」という意味で使います。

CD2 09 音声DL Track 54

1 Our boss made us work till late at night.
🔍「残業したくないのに残業させた」という意味です。

2 The smell makes me feel sick.

3 My father let me drive his car.
🔍「私が運転したいと言っているので運転させてくれた」という意味です。

4 Please let me know if you need any help.

5 I had my sister do the dishes.
🔍「頼んで洗ってもらった」という意味です。doの代わりにwashでもOK。

6 I'll have a mechanic look at my car.
🔍「車が調子が悪いので頼んで見てもらう」という意味です。

7 She had her blood checked.
🔍目的語が「物」の場合、後ろには過去分詞が来ます。「〜を…してもらう」となります。

8 I'll get my hair cut tomorrow.
🔍「物」が目的語の場合、haveの代わりにgetも使えます。

9 Can I get this printer fixed by next week?

UNIT 55

「見える」「聞こえる」「感じる」
知覚動詞

▶▶▶▶ see（見える）/ hear（聞こえる）/ feel（感じる）など、人の感覚を表す動詞です。語順に注意して練習しましょう。

□ **1** 彼女が通りを横切るのが見えました。　○ see

　　🔎「知覚動詞＋目的語＋動詞の原形」の形を使います。seeの過去形はsawです。

□ **2** 私はジョンが歌を歌うのを聞いたことがありません。　○ hear

　　🔎hearの過去形はheardです。

□ **3** 私たちはあなたがステージで踊るのを見たいです。　○ watch

□ **4** 私は鳥が空を飛んでいるのを見ていました。　○ look

　　🔎「知覚動詞＋目的語＋現在分詞（〜ing）」を使います。

□ **5** 私は子供たちが公園で遊んでいるのを見ました　○ see

　　🔎child（子供）の複数形はchildrenです。

□ **6** 私は何かが腕の上で動いているのを感じました。　○ feel

　　🔎feel（感じる）の過去形はfeltです。

□ **7** 私は自分の名前が呼ばれるのが聞こえました。　○ hear

　　🔎「知覚動詞＋目的語＋過去分詞」の形を使います。callの過去分詞を使います。

□ **8** 私は彼がしかられているのを見たことがありません。　○ see

　　🔎現在完了形（経験）を使います。「しかる」はscoldです。

□ **9** 私たちは男の人が警察に捕まるのを見ました。　○ see

　　🔎「捕まえる」はcatchを使います。

英会話のカギ

繰り返し学習Check! ▶ 1 2 3 4 5 □□□□□

see を使った場合、知覚動詞(see)＋目的語の後ろに動詞の原形を使えば「＿＿が〜〜するのを見る」、現在分詞(〜ing形)を使えば「＿＿が〜〜しているのを見る」、過去分詞を使えば「＿＿が〜〜されるのを見る」という意味になります。

CD2 10 Track 55

1 I saw her walk across the street.
🔍 see は「視界に入る」、「見える」というイメージです。

2 I have never heard John sing a song.
🔍 hear は「聞こえる」、「耳にする」というイメージです。

3 We want to watch you dance on the stage.
🔍 watch は「じっと見る」、「見張る」というイメージです。

4 I was looking at the birds flying in the sky.
🔍 look は「視線を向ける」というイメージです。look の後ろに at を忘れずに。

5 I saw children playing in the park.

6 I felt something moving on my arm.
🔍 例えば、虫が腕の上で動いている状況をイメージしてください。

7 I heard my name called.

8 I have never seen him scolded.

9 We saw a man caught by the police.
🔍 police の前には the をつけましょう。

第1章 定型フレーズ編

第2章 文法活用編

第3章 日常会話編

125

2つのものを比べる
比較級

▶▶▶▶ 2つのものを比べるときに使います。比較級になるのは形容詞または副詞です。

□ 1 **今日は昨日より暖かいですね。** ○ warmer

◎「昨日より」の「より」はthanを使います。

□ 2 **デイビッドはあなたより若く見えます。** ○ younger

□ 3 **君の部屋の方が彼女の部屋よりも大きいよ。** ○ bigger

◎「彼女の（部屋）」=「彼女のもの」→ hersを使います。

□ 4 **これらの花はそれらの花よりもきれいですね。** ○ prettier

◎ thisの複数形はtheseです。

□ 5 **エマは私より熱心に勉強します。** ○ harder

◎ 主語である「エマ」と比較するのですから「私」も主格を使いましょう。

□ 6 **あなたは私よりずっとよく知っていますね。** ○ better

◎ 比較級の強調にはmuchを使います。

□ 7 **あなたの辞書は私のよりも役に立ちます。** ○ more useful

◎「私の（辞書）」=「私のもの」→ mineを使います。

□ 8 **あの映画はこの映画よりも面白かったです。** ○ more interesting

□ 9 **数学は他のどの教科よりも難しいです。** ○ more difficult

◎「教科」はsubjectです。

比較級を作るには、ふつう形容詞・副詞の語尾にerがつきます。young（若い）の比較級はyounger（より若い）です。文字数の多い形容詞・副詞の場合、erではなく、単語の前にmoreをつけます。goodの比較級がbetterであるように、元の形（原級）が変わってしまうものもあります。

 CD2 11 音声DL Track 56

1 Today is warmer than yesterday.

2 David looks younger than you.
🔎 youの後ろにdoが省かれています。

3 Your room is bigger than hers.
🔎 bigにgを重ねてerをつけます。

4 These flowers are prettier than those.
🔎 prettyのyをiに変えてerをつけます。thoseの後ろにはflowersが省略されています。

5 Emma studies harder than I.
🔎 Iの後ろにdoが省略されています。「私が勉強するよりエマの方が…」となります。

6 You know much better than I do.
🔎 「よく知っている」の「よく」はwell。betterはwellとgoodの比較級です。

7 Your dictionary is more useful than mine.
🔎 usefulのような文字数の多い形容詞の前にはmoreをつけて比較級を作ります。

8 That movie was more interesting than this one.
🔎 oneはmovieを表します。

9 Math is more difficult than any other subject.
🔎 any other（他のどの）の後ろは単数形の名詞です。

第1章 定型フレーズ編

第2章 文法活用編

第3章 日常会話編

「最も」「同じくらい」
最上級・同等比較

▶▶▶▶ 最上級は「一番〜」、「最も〜」と言いたいときに使います。同等比較は「同じくらい〜」と言う場合に使います。

□ **1** 富士山は日本で一番高い山です。　● the highest

 🐻 highの最上級はhighestです。

□ **2** 平野さんは私たちの会社で一番忙しい人です。　● the busiest

□ **3** 私は3人の中で一番若いです。　● the youngest

 🐻「3人」はthe threeだけでOK。

□ **4** 彼女はアメリカで一番人気がある歌手です。　● the most popular

□ **5** これはこの店で一番高いカメラです。　● the most expensive

□ **6** トモコは私たちのクラスの中で一番速く走ります。　● fastest

 🐻 この場合fast（速く）は動詞（run）を修飾する副詞なのでtheはなくてもOKです。

□ **7** ジャックはあなたと同じ年齢です。　● as 〜 as

 🐻 as 〜 asは「同じくらい〜」です。

□ **8** この質問は私が思ったほど簡単ではありません。　● as 〜 as

 🐻「私が思ったのと同じくらい簡単ではない」ということです。

□ **9** ヒサシは私の2倍の本を持っています。　● as 〜 as

 🐻 asとasの間には「形容詞＋名詞」が来る場合もあります。

繰り返し学習Check! ▶ 1 2 3 4 5 ☐☐☐☐☐

最上級は形容詞または副詞の語尾にestをつけます。例えば、long（長い）の最上級はlongest（一番長い）です。文字数の多い単語には前にmostをつけます。形容詞の場合は通常、前にtheが必要です。同等比較は「as＋原級＋as」の形を取ります。

1 **Mt. Fuji is the highest mountain in Japan.**

🔍 highestの前にtheを忘れないようにしましょう。

2 **Mr. Hirano is the busiest man in our company.**

🔍 busyはyをiに変えてestをつけます。

3 **I'm the youngest of the three.**

🔍 「3人の中で」のように他の人と比較する場合はinではなくofを使います。

4 **She is the most popular singer in America.**

🔍 popularのような文字数の多い単語の最上級は、前にmostをつけます。

5 **This is the most expensive camera in this shop.**

6 **Tomoko runs fastest in our class.**

🔍 fastには「速い」という形容詞もあります。earlyは時間的に「早い」、「早く」です。

7 **Jack is as old as you.**

🔍 asとasの間に形容詞を入れる場合は原級（もとの形）を使います。

8 **This question is not as easy as I thought.**

9 **Hisashi has twice as many books as I do.**

🔍 twice（2倍）、three times（3倍）と言う場合には比較級ではなくas ～ asを使います。

UNIT 58

「もし～なら」
仮定法

▶▶▶▶ 仮定法は「（私はあなたではないが）もし私があなたなら」という「事実とは異なることを仮定する」ときに使います。

□ 1
もし私があなたなら、歯医者さんに診てもらいますよ。
● If ～

🔎 if節の動詞にはwereを、主節は助動詞の過去形のwouldを使います。

□ 2
もしあなたがそうしてくださるなら、感謝いたします。
● if ～

🔎 「もしあなたができるのなら」→ if節にはcan（できる）の過去形を使います。

□ 3
私に兄がいたらなあ。　● I wish ～

🔎 I wish ～ .は「～ならなあ」という意味です。動詞はhaveの過去形を使います。

□ 4
もしジェニーの電話番号を知っていたなら、彼女に電話していたのに。　● If ～

🔎 if節はhad known（過去完了）、主節は「would have＋過去分詞」にします。

□ 5
もし家族がいなかったら、生きていけません。
● If it weren't for ～

🔎 「生きていく」はgo onを使ってみましょう。

□ 6
もしあなたの助けがなかったなら、私たちは成功しなかったでしょうに。　● If it hadn't been for ～

🔎 過去の事実と異なることの仮定なので、主節は「couldn't have＋過去分詞」です。

□ 7
仮に海外へ行くようなことがあれば、とても多くのことを経験することでしょう。　● If you were to ～

🔎 主節は助動詞の過去形を使います。「経験する」はexperienceです。

繰り返し学習Check! ▶ 1 2 3 4 5 ☐☐☐☐☐

仮定法は主にif（もし～なら）やI wish（～であればなあ）を使います。現在の事実と異なることを仮定する場合（仮定法過去）は過去形を、過去の事実と異なることを仮定する場合（仮定法過去完了）は過去完了形（had＋過去分詞）を用います。

CD2 13 Track 58

1 If I were you, I would go to see a dentist.
主語が何であってもbe動詞の過去形にはwereを使います。

2 I would appreciate it if you could.
appreciateの後ろにitを忘れないようにしましょう。itはif以下を指します。

3 I wish I had a brother.
実際には兄はいないのですから、現在の事実と違うことの仮定です。

4 If I had known Jennie's phone number, I would have called her.
「（実際には知らなかったけれども）知っていたなら」→過去の事実と違うことの仮定。

5 If it weren't for my family, I couldn't go on.
If it weren't for ～は「もし～がないなら」という決まり文句です。

6 If it hadn't been for your help, we couldn't have succeeded.
If it hadn't been for ～は「もし～がなかったなら」という意味です。

7 If you were to go abroad, you would experience so many things.
were toは将来起こりそうもないことの仮定（仮定法未来）に使います。

第1章 定型フレーズ編

第2章 文法活用編

第3章 日常会話編

UNIT 59

2つの文をつなぐ
関係代名詞

▶▶▶▶ 関係代名詞は2つの文をつなぐ接着剤のような働きをします。名詞の後ろに置き、その名詞を説明します。

☐ 1 **私にはシカゴに住んでいる友だちがいます。**
　　◑ who [that]

　　📖 まず「私には友だちがいる」と言い、どういう友だちかを後ろで説明します。

☐ 2 **私は息子さんが有名なピアニストである人を知っています。** ◑ whose

　　📖 まず「私はある人を知っている」と言い、その後その人について説明します。

☐ 3 **あの人は私がパーティーで会った女性です。** ◑ (that)

　　📖 英会話ではwhomはほとんど使われず、目的格のthatも省略されることが多いです。

☐ 4 **ちょうど到着した飛行機はロンドンから来ました。**
　　◑ which [that]

　　📖 先行詞planeは「人以外」なので、使用する関係代名詞に注意しましょう。

☐ 5 **これはマスミが好きな花です。** ◑ which (that)

☐ 6 **あなたが手に持っているものを見せてください。**
　　◑ what

　　📖 what（もの）に続けて「あなたが手に持っている」と言います。

☐ 7 **あなたのおっしゃっていることは理解できます。**
　　◑ what

説明される語（先行詞）が「人」であればwho（主格）、whose（所有格）、whom（目的格）を使い、「人以外」であればwhich（主格）、whose（所有格）、which（目的格）を使います。thatをwhoとwhichの代わりに使うこともできます。

CD2 14 Track 59

1 I have a friend who [that] lives in Chicago.

先行詞はfriendで、後ろの動詞liveの主語に当たるのでwho（主格）を使います。

2 I know a man whose son is a famous pianist.

先行詞manの息子（son）ですから「〜の」というwhose（所有格）を使います。

3 That is the woman (that) I saw at the party.

先行詞womanは後ろの動詞sawの目的語に当たるので目的格を使います。

4 The plane which [that] has just arrived came from London.

先行詞planeは後ろの動詞arriveの主語に当たるので、which（主格）を使います。

5 This is the flower (which / that) Masumi likes.

目的格のwhichやthatは英会話ではたいてい省略されます。

6 Let me see what you have in your hand.

whatは「〜するもの（こと）」という意味で使い、先行詞は不要です。

7 I understand what you are saying.

第1章 定型フレーズ編

第2章 文法活用編

第3章 日常会話編

UNIT 60

「場所」「時」でつなぐ
関係副詞

▶▶▶▶ 関係副詞も関係代名詞と同じように、前の名詞を説明するために使う接着剤です。関係代名詞との用法の違いに注意！

□ **1** **ここは私が勉強する部屋です。** ◔ where

◉ どんな部屋かを後ろで説明します。

□ **2** **眺めがいい場所に行きましょう。** ◔ where

◉「眺め」はviewを使いましょう。

□ **3** **福岡は彼女が20年前に生まれた街です。** ◔ where

◉「その街で〜した」という場所を説明します。

□ **4** **あれが私がジェームズに初めて会った喫茶店です。**
◔ where

□ **5** **日曜日は彼らが教会に行く日です。** ◔ when

◉ 日曜日がどんな日かを後ろで説明します。

□ **6** **夏は私たちがお祭りを楽しむ季節です。** ◔ when

□ **7** **4月は日本で新しい学年が始まる月です。** ◔ when

◉「学年」はschool yearです。

CD2 15

Track 60

英会話のカギ

ここでは「場所」と「時」を表す関係副詞を使ってみましょう。先行詞が場所を表す語であればwhereを使い、時を表す語であればwhenを使います。関係副詞の後ろは必ず「主語＋動詞」が続きます。関係代名詞のwhichと間違いやすいので注意しましょう。

---

1 This is the room where I study.

🔍 先行詞roomはstudyの目的語には当たらないのでwhichは使えません。

---

2 Let's go to a place where we can see a nice view.

🔍 「場所を見る」ではなく「その場所で見る」。seeの目的語はplaceではなくviewです。

---

3 Fukuoka is the city where she was born twenty years ago.

🔍 先行詞cityは後ろの動詞was bornの目的語にはならないので、whereを用います。

---

4 That is the coffee shop where I met James for the first time.

🔍 先行詞the coffee shopはmetの目的語ではないので、which（目的格）は使えません。

---

5 Sunday is the day when they go to church.

🔍 先行詞dayは「時」を表す名詞ですから、「時」を表す関係副詞whenを使います。

---

6 Summer is the season when we can enjoy festivals.

🔍 seasonは後ろの動詞enjoyの目的語ではないので、which（目的格）は使えません。

---

7 April is the month when the new school year starts in Japan.

🔍 「その月を〜する」ではなく「その月に〜する」という「時」を表しています。

第1章 定型フレーズ編
第2章 文法活用編
第3章 日常会話編

年齢差はあまり気にしなくていい

　英語圏では人と人は「対等」が基本です。親子でもお互いに相手は"you"であり、自分は"me"です。「兄」や「弟」という単語も日本語には存在しますが、英語には「兄」、「弟」という言葉すらありません。「姉」、「妹」も同様です。英語で「兄（姉）」、「弟（妹）」と言いたければ、elder brother（sister）やyounger brother（sister）などと、ひと言つけ加えなければなりません。

　また、兄弟姉妹はお互いに名前で呼び合います。「上下」ではなく「対等」なんですね。弟が姉を名前で呼ぶと、日本語で言えば「呼び捨て」です。でも、「呼び捨て」なんていう感覚はないし、ネガティブな意味の「呼び捨て」という言葉すら英語には存在しません。そのような概念がないので、呼び捨てる以外に方法がないのです。

　また、英語では対等関係であるがゆえに、自分の目の前にいる人と話をしているときに、Thank you, George.（ありがとう、ジョージ）のように文の最初や最後に頻繁に相手の名前をつけます。お互いが近しい間柄にあることを表す効果もあります。日本文化が「形式」を好むのに対し、英語圏文化のモットーが"friendly"であることを考えると納得できます。

第3章

生活シーンで大活躍する
日常会話フレーズ

日常生活のさまざまなシーンで使える会話フレーズを
練習します。その場で実際に話すつもりで言ってみま
しょう。よく使うフレーズが身につきます。

CD2 16 ▶ **CD2** 45

ダウンロード音声 🔊 Track 61 ▶ Track 90

〈練習のしかた〉

練習① 左ページの日本語をヒントに、右ページの英語フレーズを言ってみましょう。
練習② 英語フレーズを見ながら、音声を聞いてみましょう。
練習③ 英語の音声だけを聞いてみましょう。自分でもリピートしましょう。
練習④ 日本語だけを見て、英語フレーズを言ってみましょう。

家族との朝の会話

▶▶▶▶ 朝、家族で交わすフレーズを練習してみましょう。「学校に遅れるよ」「とても眠い」「車で送って」などはそのまま使えます。

☐ **1** **急がないと学校に遅れるよ。** ● hurry up 〜

@ 命令文で始めましょう。

☐ **2** **目覚ましが鳴らなかったよ。** ● go off

@ 「目覚ましが鳴る」は go off です。didn't を使って過去形の否定文にします。

☐ **3** **とても眠い。** ● sleepy

☐ **4** **夕べは寝るのが遅すぎた。** ● go to bed

@ 「〜すぎる」は too 〜を使います。go の過去形を使いましょう。

☐ **5** **歯は磨いた？** ● brush

@ brush は「ブラシ」という名詞以外に「磨く」という動詞もあります。

☐ **6** **歯磨きがなくなってきているよ。** ● run out

@ 現在進行形を使います。

☐ **7** **駅まで車で送ってくれない？** ● drive

@ drive は「運転する」以外に「車で送る」という意味でも使います。

☐ **8** **帰る途中、車で拾ってくれない？** ● pick 〜 up

@ Could you 〜? を使って丁寧に頼んでみましょう。

☐ **9** **行ってらっしゃい。** ● a nice day

@ 動詞の原形で始めて命令文にします。

---

go off（目覚ましが鳴る）、hurry up（急ぐ）、brush my teeth（歯を磨く）、sleepy（眠い）など朝によくある出来事や動作を中心に覚えておきましょう。「行ってきます」、「行ってらっしゃい」は英語ではお互いにHave a nice day.とかBye.と言います。「ただいま」はI'm home.とも言えますがHi!でOKです。

1 Hurry up, or you'll be late for school.

🔍 命令文の後ろにorを使うと「〜しなさい。そうしないと…」となります。

2 My alarm didn't go off.

🔍「目覚まし（時計）」はalarm（clock）です。

3 I'm so sleepy.

🔍 sleepyは「眠たい」、asleepは「眠っている」という形容詞です。

4 I went to bed too late last night.

🔍 go to bedは「床につく」、go to sleepは「眠りにつく」です。

5 Did you brush your teeth?

🔍「歯」の単数形はtooth、複数形はteethです。

6 We are running out of toothpaste.

🔍 run out（of〜）で「（〜が）なくなる」という意味です。

7 Can you drive me to the train station?

🔍 train stationは電車の駅、バスターミナルはbus station、地下鉄の駅はsubway station。

8 Could you pick me up on your way home?

🔍「車で拾う」はpick〜up、「車から降ろす」はdrop〜offと言います。

9 Have a nice day.

🔍 こう言われたらYou too.と返しましょう。

UNIT 62 家族との夜の会話

▶▶▶▶ 夜は一日の出来事を話すなどして、家族団らんの時間を過ごします。リビングやダイニングで交わす会話を練習しましょう。

□ 1 **学校はどうだった？** ◉ How was ～?

□ 2 **夕食ができたよ。** ◉ ready

□ 3 **今日の夕食は何？** ◉ What are we going to ～?

◎「夕食用に何を食べますか」と聞きます。

□ 4 **今日のテストはどうだった？** ◉ How did you do ～?

◎「テスト」は test、または exam (ination) です。

□ 5 **今テレビでは何をやってるの？** ◉ What ～?

◎ 疑問詞 what を主語として使います。

□ 6 **テレビを見る前に宿題を終わらせなさい。** ◉ Finish ～

◎「宿題」は homework です。

□ 7 **そろそろ寝る時間だよ。** ◉ It's time ～

◎「そろそろ」には almost を使ってみましょう。

□ 8 **明日の計画はどうなっているの？** ◉ What ～?

◎「明日用の計画」と考えます。「～用の」は for ～です。

□ 9 **今夜は外に食べに行くかい？** ◉ eat out

◎「～したい」の would like to ～を使います。「外食する」は eat out です。

夜はリラックスタイム。朝のあわただしい様子を表す表現とは違って、その日の出来事や明日の予定などについての表現が中心です。例えば「〜はどうだった？」は疑問詞howを使ってHow was 〜？でOK。「外食する」はeat out。単純に「外で食べる」と言えばいいのです。

CD2 17

Track 62

1 How was **school?**

🔍「今日はどんな日だった？」はHow was your day?です。

2 Dinner is **ready.**

🔍 readyは準備できている状態を表します。

3 What are we going to **have for dinner?**

🔍 be going to 〜は予定を表します。for 〜は「〜用に」と考えます。

4 How did you do **in today's exam?**

🔍 How did the test go?とも言えます。

5 What's **on now?**

🔍 テレビに関してはWhat's on?、「どんな映画をやってるの？」はWhat's playing?です。

6 Finish **your homework before you watch TV.**

🔍 homeworkは数えられないのでaや複数形のsをつけないように。

7 It's almost time **for you to go to bed.**

🔍 to不定詞の形容詞的用法（寝るべき時間）を使います（UNIT 49を参照）。

8 What **are your plans for tomorrow?**

🔍「計画はどうなっているの？」は単純に「計画は何？」と言います。

9 Would you like to **eat out tonight?**

🔍 Would you like to 〜？はDo you want to 〜？の丁寧な言い方です。

第1章 定型フレーズ編

第2章 文法活用編

第3章 日常会話編

141

家事をする

▶▶▶▶▶ アメリカなどでは夫婦共働きが普通です。男女ともに家事は必須。
doやmakeなど基本動詞が活躍します。

□ **1** **ベッドは自分できれいにしてね。** ● make

　🔊 「ベッドをきれいにする」は「ベッドを作る」と言います。

□ **2** **エアコンの修理をするよ。** ● fix

　🔊 申し出る表現のLet me ～ .を使ってみましょう。

□ **3** **猫にエサをあげたほうがいいよ。** ● feed

　🔊 「提案」のshouldを使います。

□ **4** **もうすぐミルクを買わないといけないよ。** ● buy

　🔊 「強制」のhave to ～を使いましょう。

□ **5** **買い物リストを作ろうよ。** ● make

　🔊 誘う表現のLet'sを使います。

□ **6** **洗濯するのを忘れていた！** ● do

　🔊 laundry（洗濯物）を使います。

□ **7** **花に水をやってくれない？** ● water

　🔊 頼む表現のCan you ～?を使いましょう。

□ **8** **冷蔵庫には食べ物があまり残ってないよ。** ● There's ～

　🔊 there is構文の否定形です。

□ **9** **キッチンを掃除してくれない？** ● clean

　🔊 丁寧に頼む表現Would you mind ～?を使ってみましょう。

英会話のカギ

家事は私たちにとって欠かすことのできない活動です。まずは身近な表現から学びましょう。do the dishes（皿を洗う）、do the laundry（洗濯する）、do the ironing（アイロンをかける）のように、doのような簡単な動詞を使っていろいろなことが言えます。

CD2 18
Track 63

1　You should make your own bed.
🔍 your own ～は「あなた自身の～」という意味です。

2　Let me fix the air conditioning.
🔍「エアコン」はair conditioning、またはair conditioner です。

3　You should feed the cats.
🔍 feedはfoodの動詞形で「食べ物を与える」という意味です。

4　We have to buy some more milk soon.
🔍 some more ～は「もう少しの～」という意味です。

5　Let's make a shopping list.
🔍 make aは2語つないで［メイカ］のように発音しましょう。

6　I forgot to do the laundry!
🔍「forget +～ing形」は「～したこと（過去の行動）を忘れる」という意味になります。

7　Can you water the flowers, please?
🔍 waterは動詞で「水をやる」という意味があります。

8　There's not much food left in the refrigerator.
🔍 foodは数えられない名詞なのでmanyではなくmuchを使います。

9　Would you mind cleaning the kitchen?
🔍 mindの後ろは動名詞（～ing形）です。

UNIT 64

パーソナルな電話をする

▶▶▶▶ 英語で電話をかけたり受けたりするのは、なかなかハードルが高いです。「慣れ」が大切で、まず決まり文句をマスターしましょう。

□ 1 **もしもし。オリビアはいますか。** ● May I ～ ?

📝「～してもいいですか」という許可を求める表現May I ～ ?を使います。

□ 2 **もしもし。スティーブはいますか。** ● Is ～ there?

□ 3 **もしもし。ポーターさんですか。** ● Is this ～ ?

□ 4 **もしもし。マサヨシですが。** ● This is ～ speaking.

□ 5 **少々お待ちください。** ● Just a ～

📝「ほんの1分」と言います。

□ 6 **どちらさまですか。** ● May I ～ ?

📝「誰が電話をかけているのか尋ねてもいいですか」と言います。

□ 7 **間違い電話だと思いますが。** ● wrong number

📝「間違い番号 (wrong number) を持つ」と考えます。

□ 8 **こんなに遅い時間に電話をかけてすみません。** ● I'm sorry ～

📝「こんなに遅い時間に」はthis lateを使ってみましょう。

□ 9 **10分くらいしてかけ直してくれない？** ● call ～ back

📝 時間の経過を表す「～くらいして」はin ～です。

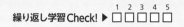

繰り返し学習Check! ▶ □□□□□

電話の会話は相手の表情が見えないのでなかなかたいへんだと言われますが、覚えやすい決まり文句もいくつかあります。難しい単語はほとんど使いません。状況に合わせた言い方をいくつか覚えておきましょう。受話器から聞こえてくる英語だと思ってリスニングしてみましょう。

CD2 19

1 Hello. May I speak to Olivia, please?
May I speak to 〜?は「〜さんはいらっしゃいますか」という定番の表現です。

2 Hello. Is Steve there?
「〜はそこにいますか」ということなので存在を表すbe動詞を使います。

3 Hello. Is this Mrs. Porter?
「〜さんですか」と電話で聞くときはAre you 〜?ではなくIs this 〜?です。

4 Hello. This is Masayoshi speaking.
自分にもI am 〜.ではなくThis is 〜.を使います。

5 Just a minute, please.
Just a second.とかJust a moment.とも言います。

6 May I ask who's calling?
who'sはwho isの短縮形です。

7 I think you have the wrong number.
I think を使えば、言い方が少し和らぎ、丁寧に聞こえます。

8 I'm sorry to call you this late.
お詫び表現のI'm sorry to 〜.（〜してすみません）を使います。

9 Can you call me back in about ten minutes?
call 〜 backは「（電話を）〜にかけ直す」という意味です。

第1章 定型フレーズ編
第2章 文法活用編
第3章 日常会話編

145

オフィスで電話をかける

▶▶▶▶ ビジネスで電話をかけるときも決まった言い方があります。お決まりフレーズを覚えておけば、スムーズに本題に入れます。

□ **1** もしもし。 SFC銀行の坂本ですが。　　◻ This is 〜

　🔊 電話をかけて英語で自分を名乗るときは名前の後に会社名を言います。

□ **2** もしもし。コネリーさんは今日ご出勤でしょうか。　　◻ Is 〜 in?

　🔊 Mr. や Ms. は名字の前につけます。

□ **3** 伝言をお願いしてもよろしいでしょうか。　　◻ leave a message

　🔊 伝言を「置いて行く (leave)」と考えます。

□ **4** 企画課につないでもらえませんか。　　◻ connect

　🔊 頼む表現の Could you 〜 ? を使ってみましょう。

□ **5** 折り返しお電話差し上げております。　　◻ return your call

　🔊 「あなたからの電話を返す」と考えます。

□ **6** 私から電話があったことを彼女にお伝えくださいませんか。

　🔊 tell の後ろには「人」が入ります。　　◻ Could you just tell 〜 ?

□ **7** 30分前にお電話差し上げましたが、話し中でした。　　◻ busy

□ **8** 今お時間は大丈夫ですか。　　◻ talk with

　🔊 話す時間があるかどうかを聞きます。to 不定詞の形容詞的用法を使います。

□ **9** いつでもお気軽にお電話ください。　　◻ feel free to 〜

　🔊 「いつでも」は anytime です。

英会話のカギ

繰り返し学習Check! ▶ □□□□□
1 2 3 4 5

ビジネスで電話をかけるのはけっこう気をつかうもの。でも、英語では「貴社」と「弊社」の使い分けや自分の上司に「～さん」をつけないことなど、日本語ほど気をつかわなくて大丈夫です。自分を名乗るときは名前の後に会社名を言いましょう。個人の電話の会話と共通した表現もたくさんあります。

 CD2 20 Track 65

1 Hello. This is Sakamoto of SFC Bank.

🔍 ビジネスシーンで、相手とそこまで親しくない場合は名字を使います。

2 Hello. Is Mr. Connelly in today?

🔍 「出勤している」はin で表します。

3 Can I leave a message?

🔍 許可を求めるCan I ～?を使います。

4 Could you connect me with someone in the Planning Division?

🔍 「電話をつなぐ」はconnect です。put ～through to も使えます（UNIT 66の8を参照）。

5 I'm returning your call.

🔍 自分が不在だったときに電話がかかり、「今かけ直している」という意味です。

6 Could you just tell her that I called?

🔍 Could you ～?はCan you ～?よりも丁寧な頼み方です。

7 I called you thirty minutes ago, but the line was busy.

🔍 「話し中です」はThe line is busy.と言います。

8 Do you have time to talk with me now?

🔍 「～がありますか」は基本動詞haveを使います。

9 Please feel free to call me anytime.

🔍 feel free to ～は「気軽に～する」という意味です。

第1章 定型フレーズ編

第2章 文法活用編

第3章 日常会話編

オフィスで電話を受ける

▶▶▶▶ 電話で仕事の話が終わった後は、お礼に続いて Have a nice day. など、相手に対する思いやりのひと言をつけ足します。

☐ **1** おはようございます。東名旅行、斎藤宏が承ります。　◦ This is ~ speaking.

　◉ 電話を受けるときは、まず会社の名前を言ってから自分の名前を言いましょう。

☐ **2** 彼は今日は休暇で休んでおります。　◦ on leave

　◉「休暇」は leave です。

☐ **3** 彼女はちょっと席を外しております。　◦ step out

　◉ 現在完了形を使います。

☐ **4** ご伝言をお預かりいたしましょうか。　◦ take a message

　◉「外から自分の領域に入れる」というイメージの基本動詞 take を使います。

☐ **5** スーザンさん、林さんからお電話です。　◦ on the phone

　◉「林さんが電話上にいる」というイメージなので on を使います。

☐ **6** 彼女はいま別の電話に出ています。　◦ on another line

　◉ phone（電話）ではなく line（回線）を使います。

☐ **7** 彼はおそらく30分くらいしたら戻ると思います。　◦ will be back

　◉「おそらく」は probably を使いましょう。

☐ **8** 上司におつなぎします。　◦ put ~ through

　◉「あなたを~に（電話線上で）通してあげる」というイメージです。

☐ **9** 彼が戻り次第、電話をかけさせましょうか。　◦ have ~ call

　◉ 申し出る表現の Shall I ~ ? を使います。「~次第」は as soon as ~ です。

英会話のカギ

繰り返し学習Check! ▶ 1 2 3 4 5 □□□□□

英語で電話を受けるときは話す内容が相手によってさまざまなので、何をどう聞いてくるのか不安ですよね。しかし、ポイントの表現を覚えておくだけで、聞き取りにも慣れますし、会話もスムーズになります。電話をかけるときは自分の名前を先に言いましたが、電話を受けるときには会社の名前を先に言います。

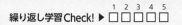

1 Good Morning. Tomei Travel. This is Hiroshi Saito speaking. How may I help you?

2 He's on leave today.

🔍 on leave で「休暇中」という意味です。He's は He is の短縮形です。

3 She's just stepped out.

🔍 She's は She has の短縮形です。She is not here right now. でも OK です。

4 Can I take a message?

🔍 伝言を残すときは Can I leave a message? でしたね（UNIT 65 の3を参照）。

5 Susan, Mr. Hayashi is on the phone.

6 She is on another line.

7 He will probably be back in about thirty minutes.

🔍「30分したら」のように未来のことを言う場合は in 〜を使います。

8 I'll put you through to my supervisor.

🔍 I'll の代わりに、申し出る表現の Let me を使っても OK です。

9 Shall I have him call you as soon as he comes back?

🔍「使役動詞 have ＋人＋動詞の原形」の形で「(人) に〜させる」です（UNIT 54 参照）。

149

予約する・約束する

▶▶▶▶ 予約のキーワードはreserve/reservationやappointmentなど限られています。キーワードを上手に使って話しましょう。

□ 1 **予約はなさっていますでしょうか、お客様。** ● reservation

🔲 ホテルのフロントでの会話をイメージしてください。

□ 2 **土曜日の夜に予約を取りたいのですが。** ● reservation

🔲 レストランに電話している様子をイメージしてください。

□ 3 **窓側のテーブルがいいのですが。** ● I'd like ～

🔲 I'd likeはI wantの丁寧な言い方です。

□ 4 **明日の夜、テーブルは空いてますか。** ● available

🔲 「明日の夜用に」と考え、for ～を使います。

□ 5 **2時半に予約を取っているのですが。** ● appointment

🔲 歯医者さんをイメージしてください。

□ 6 **1時にジョーンズさんにお会いする約束をしております。** ● appointment

🔲 「会う」はseeを使いましょう。

□ 7 **リーさんとお会いする予約を取りたいのですが。** ● appointment

□ 8 **前もってチケットを予約したほうがいいよ。** ● reserve

🔲 reserveはreservationの動詞形です。

□ 9 **ジョン・ブリームのコンサートのチケットを2枚予約できますか。** ● reserve

🔲 「コンサート用の」と考えforを使います。

英語では飛行機の座席、レストランのテーブル、コンサートのチケットをおさえるための予約をreservation、医者や美容師（美容院）など、人に会うための予約をappointmentと言います。場面によって使い分けましょう。「予約をする」という動詞はmake、「予約してある」という状態を表すときはhaveを使います。

CD2 22   Track 67

1 Do you have a reservation, sir?

🔍「予約してある」はhaveを使います。敬称は男性にはsir、女性にはma'amを使います。

2 I'd like to make a reservation for this Saturday night.

🔍「予約する」はmakeを使います。

3 I'd like a table by the window.

🔍 by ～は「～のそばの」という意味です。

4 Do you have a table available for tomorrow night?

🔍 availableは「空いている」、「利用できる」という意味です。

5 I have a two-thirty appointment.

🔍 two-thirtyは「2時半の」です。

6 I have an appointment to see Mr. Jones at one o'clock.

🔍「時」を表す言葉は、通常最後におきます。

7 I'd like to make an appointment with Ms. Lee.

🔍 女性の名字には未婚既婚に関係なくMs.［ミズ］を使います。

8 We should reserve tickets in advance.

🔍 in advanceは「前もって」という意味です。

9 Can I reserve two tickets for John Bream's concert?

第1章 定型フレーズ編

第2章 文法活用編

第3章 日常会話編

衣料品を買う

▶▶▶▶ try on（試着する）、look nice（似合う）など、洋服のショッピングには決まり文句があります。練習して、楽しいお買い物を！

□ **1** **これはいくらですか。** ○ How much ～ ?

🔎 複数のものについて尋ねるつもりで言ってみましょう。

□ **2** **ただ見ているだけです。** ○ just looking

□ **3** **試着してもいいですか。** ○ try ～ on

🔎 try ～ on は「試着する」。許可を求める表現Can I ～?を使ってみましょう。

□ **4** **ちょうどいいサイズです。** ○ right

□ **5** **このズボンはきつすぎます。** ○ tight

🔎 ズボンは脚が2本なので複数扱いです。

□ **6** **本当によくお似合いですよ。** ○ look nice

🔎 「お似合いですよ」は「素敵に見える」と考えるのでしたね。

□ **7** **このセーターの色違いはありますか。** ○ in another color

🔎 「別の色」と考えます。色にはinを使います。

□ **8** **これのもっと小さいサイズはありますか。** ○ in a smaller size

🔎 smallの比較級を使ってみましょう。

□ **9** **このシャツは気に入りましたが、また今度にします。** ○ wait

🔎 「買うのを次回まで待つ」と考えます。

英会話のカギ

繰り返し学習Check! ▶ □ □ □ □ □

May I help you?が日本語の「いらっしゃいませ」と異なるところは、疑問文だということです。ですからお客は何か答えなければなりません。何かを探している場合は、I'm looking for ～.（～を探しているのですが）とかDo you carry ～?（～はありますか）と言いましょう。

CD2 23

Track 68

1 How much **are these?**

🔍 例えばクッキーなど同じ物がたくさん並んでいたら通常複数で聞きます。

2 I'm just looking, thank you.

🔍 just browsingという表現もあります。browseは「ぶらぶら見て歩く」という意味です。

3 Can I try it on?

🔍 試着するものをitのような代名詞で言う場合は、tryとonの間に入れます。

4 This is the right size.

🔍 right sizeは「正しいサイズ」ということです。

5 These pants are too tight.

🔍「～すぎる」はtoo ～です。「だぶだぶの」はloose［ルース］です。

6 It looks really nice on you.

🔍 服はあなたの身体の上にありますからon ～です。

7 Do you have this sweater in another color?

🔍 英語には「色違い」という名詞はありません。

8 Do you have this in a smaller size?

🔍 色もサイズもinを使います。

9 I like this shirt, but I think I should wait.

店員さんと話す

▶ ▶ ▶ ▶ 店員さんからHello.と声をかけられたら、笑顔でHello.と返しましょう。買い物には基本的な動詞を使いこなすのがコツです。

□ 1 **クリスマスカードは置いてありますか。** ● carry

🔎 carryは「店に〜が置いてある」という意味です。

□ 2 **これ(ら)はセール品ですか。** ● sale

□ 3 **ひとつ12ドルです。** ● each

🔎 eachを値段の後ろにつけます。

□ 4 **分かりました。これにします。** ● take

🔎 基本動詞takeのイメージは「外から自分の領域に入れる」です。

□ 5 **返金してもらえませんか。** ● refund

🔎 動詞はhaveを使います。

□ 6 **申し訳ございませんが、すべて売り切れでございます。** ● sold out

□ 7 **その店は品ぞろえが素晴らしいです。** ● selection

🔎 「大きい品ぞろえ」という語順にします。

□ 8 **クレジットカードで支払えますか。** ● take

🔎 youを主語にしてみましょう。takeは「受け取る」という意味です。

□ 9 **何かお探しですか。——他の店員さんに今やってもらってます。** ● help

🔎 「やってもらっています」は現在進行形の受動態を使います。

英会話のカギ

繰り返し学習Check! ▶ 1 2 3 4 5 □□□□□

店員さんが近づいてきてMay I help you?（いらっしゃいませ）と言っても、英語では平気でI'm just looking.（見てるだけです）と返したりします。「やっぱり色が気に入らなくて」なんていう理由でも、返品はたいていOKです。あまり遠慮せずにはっきり伝えることを心がけましょう。

CD2 24
Track 69

1 Do you carry Christmas cards?

🔍 もちろんcarryの代わりにhaveでもOKです。

2 Are these on sale?

🔍 日本語では複数の品を「これ」と言いますが、英語ではthisではなくtheseです。

3 They are 12 dollars each.

🔍 eachは「それぞれ」という意味です。

4 OK, I'll take it.

🔍 もちろんbuy（買う）でもOKです。

5 Can I have a refund on this?

🔍 refundは「返金」という意味です。

6 I'm sorry, but we are all sold out.

🔍 sold outは「売り切れ」という意味です。

7 They have a large selection.

🔍 selectionは「品ぞろえ」という意味です。haveを使うのがポイントです。

8 Do you take credit cards?

🔍 takeの代わりにacceptを使うこともできます。

9 May I help you? ——I'm being helped, thank you.

🔍 「be + being + 過去分詞」で「〜されている」となります。

第1章 定型フレーズ編

第2章 文法活用編

第3章 日常会話編

155

食事をする

▶ ▶ ▶ ▶ レストランでは丁寧な依頼表現が活躍します。マナーも大切です。
Excuse me! と大声でお店の人を呼ぶのはマナー違反です。

□ **1 ご注文はよろしいでしょうか。** ● Are you ready 〜 ?

◎「注文する準備はできていますか」と聞きます。

□ **2 サーロインステーキをお願いします。** ● I'd like to 〜

□ **3 チキンバーガーを持ち帰りでお願いします。** ● Can I 〜 ?

◎「持ち帰り」は to go と言います。

□ **4 アップルジュースを2つください。** ● please

◎ 液体は通常数えられませんが、注文のときには数えられます。

□ **5 スープかサラダはついていますか。** ● come with

◎「一緒についてきますか」と考えます。

□ **6 メニューを見せてもらえませんか。** ● Could I 〜 ?

□ **7 皿をお下げしてもよろしいでしょうか。** ● May I 〜 ?

◎「下げる」は take を使います。

□ **8 ワインをもう一杯お願いします。** ● Can I 〜 ?

◎「もう一杯」は another 〜 を使います。

□ **9 お勘定をお願いします。** ● Can I 〜 ?

英会話のカギ

注文するときの表現は、I'd like to have ～ . や Can I have ～ ? を覚えておきましょう。サラダ用のドレッシングやポテトの種類を選ぶ際に、聞き取れなかった場合には Could you repeat that?（もう1度言ってもらえませんか）など、遠慮せずに聞き直しましょう。

CD2 25

Track 70

1 Are you ready to order?
🔎 May I take your order? とも言います。

2 I'd like to have the sirloin steak.
🔎 I'd like to have ～ . は注文するときに使うお決まり表現のひとつです。

3 Can I have a chicken burger to go?
🔎「店内で召し上がりますか、それともお持ち帰りですか」は For here, or to go? です。

4 Two apple juices, please.
🔎 文末に please を付けて丁寧さを表します。

5 Does it come with soup or salad?
🔎 come with ～は「～がついてくる」という意味です。

6 Could I see the menu, please?
🔎 許可を求める表現 Could I ～ ? は Can I ～ ? の丁寧な言い方でしたね。

7 May I take that for you?
🔎 Are you finished?（お済みですか）と聞くこともあります。

8 Can I have another glass of wine?

9 Can I have the check, please?
🔎 check は「勘定書」のこと。Check, please. だけでも OK です。

第1章 定型フレーズ編
第2章 文法活用編
第3章 日常会話編

157

道順を聞く・教える

▶▶▶▶ 道順の会話にwhereは必須ですが、go down（まっすぐ行く）、turn（曲がる）などキーフレーズも活用しましょう。

□ **1** **すみません。市役所はどこですか。** ○ Where 〜 ?

　疑問詞whereとbe動詞を使った疑問文です。

□ **2** **この近くにドラッグストアはありますか。** ○ Is there 〜 ?

□ **3** **シンフォニーホールはどこかご存知ですか。** ○ Do you know where 〜 ?

□ **4** **すみませんが、マークホテルにはどうやって行ったらいいのでしょうか。** ○ how do I 〜 ?

　「〜に行く」はget to 〜を使います。

□ **5** **ユニオンスクエアへの行き方を教えてくださいませんか。** ○ Could you tell me 〜 ?

□ **6** **この通りをまっすぐ3ブロック行ってください。** ○ go down

　go down 〜は「〜に沿って行く」という意味です。

□ **7** **次の角を右に曲がってください。** ○ Turn right 〜

□ **8** **それは左手にありますよ。** ○ on your left

　youを主語にしてみましょう。

□ **9** **この通りをまっすぐ行くとその銀行に着きますよ。** ○ lead

　「この通りがあなたをその銀行に導く」と考えます。

英会話のカギ

繰り返し学習Check! ▶ 1 2 3 4 5 □ □ □ □ □

通りすがりの人に話しかけるときは、丁寧にExcuse me.と言ってから話し始めるのが礼儀です。道に迷っている海外からの人を見かけたら、思い切って「どうなさいましたか」と声をかけてみましょう。表現はMay I help you?でOK。店員さんの「いらっしゃいませ」と同じです。手を差し伸べる優しさを示すことが大切です。

Track 71

1 Excuse me. Where is the City Hall?

---

2 Is there a drugstore near here?
🔍 there is構文の疑問文です。「薬局」はpharmacyです。

---

3 Do you know where the symphony hall is?
🔍 Do you knowなどが疑問詞の前につくと主語・動詞の語順に戻ります。

---

4 Excuse me, but how do I get to the Mark Hotel from here?

---

5 Could you tell me how to get to Union Square?
🔍 how to get to ~は「~への行き方」です。

---

6 Just go down this street for three blocks.

---

7 Turn right at the next corner.
🔍 場所を示す前置詞atを使います。

---

8 You'll see it on your left.
🔍 It's on your left. でもOK。

---

9 This street leads you to the bank.
🔍 leadは「導く」、「(~へ) 連れて行く」という意味です。

159

第1章 定型フレーズ編

第2章 文法活用編

第3章 日常会話編

郵便局・銀行で

▶▶▶▶ 郵便局や銀行でも、まずはあいさつを忘れずに。postage（郵便料金）やaccount（口座）などの表現を知っておきましょう。

□ **1** **郵便料金はいくらですか。** ◐ How much ～ ?

□ **2** **この小包を日本に送りたいのですが。** ◐ I'd like to ～

　◉「小包」はpackageです。

□ **3** **航空便で送ったらいつ着きますか。** ◐ When ～ ?

　◉「航空便」はair mailです。

□ **4** **10セント切手を5枚ください。** ◐ Can I ～ ?

□ **5** **本の割引レートで送りたいのですが。** ◐ I'd like to ～

　◉「本の割引レート」のことをbook rateと言います。

□ **6** **普通預金口座を開設したいのですが。** ◐ I'd like to ～

　◉「開設する」はopenでOKです。

□ **7** **この小切手を現金にしたいのですが。** ◐ I'd like to ～

□ **8** **紙幣の種類はどうなさいますか。** ◐ How ～ ?

　◉「お金はどういうふうに欲しいですか」と聞きます。

□ **9** **日本円の為替レートはいくらですか。** ◐ What ～ ?

英会話のカギ

郵便局や銀行ではやはり質問をしたりお願いをしたりすることが多いものです。疑問詞を使った疑問文や依頼する表現をおさえておきましょう。また、postage（郵便料金）、air mail（航空便）、account（口座）、exchange rate（為替レート）など、よく使われそうな語句も覚えておくと便利です。

CD2 27

Track 72

1 How much is the postage?
🔍 postage（郵便料金）の発音は［**ポ**ウスティッヂ］です。

2 I'd like to send this package to Japan.
🔍 packageの発音は［**パ**ーキッヂ］です。「パッケージ」と発音しないように。

3 When will it arrive if I send it by air mail?

4 Can I have five ten-cent stamps, please?
🔍「10セントの～」など後ろの名詞を修飾する場合は、centに複数形のsはつけません。

5 I'd like to send it at the book rate.

6 I'd like to open a savings account.
🔍 savings accountは「普通預金口座」。savingsの語尾のsを忘れないように。

7 I'd like to cash this check, please.
🔍 cashには「現金」という名詞と「現金にする」という動詞があります。

8 How would you like your money?
🔍 What denominations would you like? でもOK。denominationは「お金の種類」です。

9 What's the exchange rate for Japanese yen?
🔍 What'sはWhat isの短縮形。exchange rateは「為替レート」です。

バス・電車に乗る

▶▶▶▶ 「行き先」「運賃」「乗り換え」など聞くことは決まっています。基本表現をしっかり練習すれば、交通機関が使いこなせます。

□ 1 このバスは街の方まで行きますか。　○ Does this bus 〜 ?

□ 2 ここからグレンパーク駅までの運賃はいくらですか。　○ How much 〜 ?
　◎「運賃」は fare です。

□ 3 すみません。降ります。　○ I'd like to 〜
　◎「降りたいです」と言います。

□ 4 降りるときに教えてもらえませんか。　○ Could you 〜 ?

□ 5 終電に乗り遅れました。　○ miss

□ 6 電車を乗り間違えました。　○ wrong train
　◎「間違った電車に乗った」と言います。

□ 7 新宿駅で電車を乗り換えないといけません。　○ have to
　◎ 駅の名前に the はつけません。

□ 8 空港へ行くにはどの電車に乗ったらいいですか。　○ Which 〜 ?
　◎「乗る」は take を使います。

□ 9 急行に間に合うように急ぎましょう。　○ Let's 〜
　◎「急行」は express (train) と言います。

● 英会話のカギ

繰り返し学習Check! ▶ 1 2 3 4 5 □□□□□

海外で公共交通機関を利用するときは、けっこう勇気がいるものです。行き先や運賃、乗り換えや支払い方法に関する英語表現を覚えておくと不安もある程度解消されます。I'd like to ～. (～したいのですが) やCould you tell me ～? (～を教えてもらえませんか) などの基本表現を使えるようになりましょう。

CD2 28

Track 73

1 Does this bus **go downtown?**

🔍 downtown は「繁華街へ」という副詞なので、goの後ろにtoは要りません。

2 How much **is the fare from here to Glen Park Station?**

3 Excuse me. I'd like to **get off.**

🔍 バスや電車から「降りる」は get off、「乗る」は get on です。

4 Could you **tell me when to get off?**

🔍「降りる停留所に着いたときに教えてほしい」とバスの運転手に伝える表現です。

5 I missed **the last train.**

🔍「始発の電車」は the first train です。

6 I took the **wrong train.**

🔍「(電車) に乗る」はtakeやcatchを使います。

7 You have to **change trains at Shinjuku Station.**

🔍 change trains (乗り換える)。trainsの語尾のsを忘れないように。

8 Which **train do I take to go to the airport?**

9 Let's **hurry so we can catch the express.**

🔍「so (that) 主語＋can＋動詞」は「(主語) が (動詞) できるように」という意味です。

第1章 定型フレーズ編

第2章 文法活用編

第3章 日常会話編

UNIT 74 空港で話す

▶▶▶▶ 入国審査では滞在目的・日数が聞かれます。チェックインカウンターでの決まった会話フレーズも練習しておきましょう。

☐ 1 **飛行機の出発は予定通りですか。** ● on schedule

📖 on schedule は「予定通り」という意味です。

☐ 2 **座席を隣同士にして欲しいのですが。** ● We'd like ～

📖 「お互いの隣」と考えます。

☐ 3 **出口の近くの座席がいいです。** ● I'd prefer ～

📖 「出口」は exit です。prefer は「～のほうがいい」という動詞です。

☐ 4 **通路側の座席をお願いします。** ● Can I ～ ?

📖 「通路」は aisle を使います。

☐ 5 **仕事で来ています。** ● on business

☐ 6 **アメリカには5日滞在の予定です。** ● I'm going to ～

📖 be going to ～は予定を表しましたね（UNIT 32 を参照）。

☐ 7 **国際会議に出席します。** ● I'm going to ～

📖 「会議」は meeting ですが、大きい会議のことは conference と言います。

☐ 8 **シャトルバスはどこで乗ったらいいのですか。** ● Where ～ ?

☐ 9 **レンタカーセンターへの行き方を教えてもらえませんか。** ● Could you ～ ?

📖 「～の仕方」は how to ～です。

英会話のカギ

繰り返し学習Check! ▶ 1 2 3 4 5 □□□□□

チェックインカウンターではI'd prefer〜.やCan I〜?を使い、座席の好みを言ってみましょう。入国審査ではWhat's the purpose of your visit?(滞在目的は?)、How long are you going to stay?(滞在期間は?)、Where are you going to stay?(訪問先は?)などの質問に英語で答えなければなりません。

CD2 29

Track 74

1 Is the flight on schedule?

🔍 「予定より遅れている」はbehind scheduleです。

2 We'd like seats next to each other.

🔍 We'd like two seats together.とも言えます。

3 I'd prefer to sit near the exit.

🔍 I'dはI wouldの短縮形です。

4 Can I have an aisle seat?

🔍 aisleはsを発音せず[アイオ]となります。「窓側の席」はwindow seatです。

5 I'm here on business.

🔍 on businessは「商用で」です。「休暇で」はon vacationと言います。

6 I'm going to stay in the States for five days.

🔍 the United States(アメリカ)のUnitedは、会話では省くこともあります。

7 I'm going to attend an international conference.

🔍 attendは「〜に出席する」です。

8 Where do I get the shuttle bus?

🔍 getのt音は小さな「ッ」のようになりtheにつながります。

9 Could you tell me how to get to the Rental Car Center?

🔍 Rental Car Centerは空港に隣接しているレンタカー営業所のことです。

機内で話す

▶▶▶▶ 機内での会話もお決まりの表現が活躍します。客室乗務員に言いたいことを伝えられるよう、定型フレーズを練習しましょう。

□ 1 **毛布をいただけますか。**　○ Can I ～ ?

  ◎ 動詞はhaveを使います。

□ 2 **何か冷たい飲み物をいただけませんか。**　○ Could I ～ ?

  ◎ to不定詞の形容詞的用法を使います。

□ 3 **すみません。日本語の新聞はありますか。**　○ Do you have ～ ?

  ◎「～を持っていますか」と聞きます。

□ 4 **日本とハワイの時差はどのくらいですか。**　○ time difference

  ◎「どのくらいですか」は「何ですか」と聞けばOKです。

□ 5 **あまり気分がよくないのですが。**　○ feel

□ 6 **飛行機酔いの薬はありますか。**　○ Do you have ～ ?

  ◎「飛行機酔い」はairsicknessです。

□ 7 **シートベルトをお締めください。**　○ seat belt

□ 8 **気流の悪いところを通過しております。**　○ turbulence

  ◎「乱気流を体験している」と考えます。

□ 9 **(隣の席の乗客に)すみません。お手洗いに行きたいのですが。**　○ need to

  ◎「邪魔をしてすみません」と言います。「邪魔をする」はdisturbです。

英会話のカギ

繰り返し学習Check! ▶ 1 2 3 4 5 ☐☐☐☐☐

機内の放送ではflight（飛行）、departure（出発）、arrival（到着）という言葉がよく使われます。また、time difference（時差）、turbulence（乱気流）、airsickness（飛行機酔い）、fasten your seat belt（シートベルトを締める）、など、機内で使いそうな語句を知っておくと役に立ちます。

1 Can I have a blanket, please?

- -

2 Could I have something cold to drink?

🔍 something coldは「何か冷たいもの」を指します。coldはsomethingの後ろです。

- -

3 Excuse me. Do you have newspapers in Japanese?

- -

4 What's the time difference between Japan and Hawaii?

🔍 time differenceは「時差」です。between A and Bは「AとBの間の」です。

- -

5 I don't feel very well.

🔍 「気分が悪い」はfeel sickとも言います。

- -

6 Do you have medicine for airsickness?

🔍 「船酔い」はseasicknessと言います。

- -

7 Please fasten your seat belt.

🔍 fastenの発音は[ファスン]です。tは発音しません。

- -

8 We are experiencing some turbulence.

🔍 turbulenceは「乱気流」のことです。

- -

9 I'm sorry to disturb you, but I need to go to the restroom.

🔍 トイレに立つ際に、隣に座っている通路側の席の人に一声かける言い方です。

- -

第1章 定型フレーズ編

第2章 文法活用編

第3章 日常会話編

ホテルで話す

▶▶▶▶ 英語圏では宿泊客とフロント係が親しげに話しているのをよく目にします。基本フレーズを覚えれば、気軽に話しかけられます。

□ 1 **チェックインをお願いします。**　● I'd like to ～

　　◎「チェックインしたい」と言います。

□ 2 **ツインの部屋をお願いできますか。**　● Can I ～ ?

　　◎「ツイン」はtwin bedsです。

□ 3 **チェックアウトは何時ですか。**　● What ～ ?

□ 4 **これが私の予約確認番号です。**　● This is ～

□ 5 **できたら禁煙ルームがいいのですが。**　● I'd prefer ～

　　◎「できたら」は「もし可能なら」と言います。

□ 6 **海側の部屋は空いていますか。**　● Do you have ～ ?

　　◎「海に面している部屋」と言います。「面している」はfaceを使います。

□ 7 **車の預かりサービスはいくらですか。**　● How much ～ ?

　　◎ charge（お金を請求する）という動詞を使ってみましょう。

□ 8 **タクシーを呼んでもらえませんか。**　● Could you please ～ ?

□ 9 **滞在はとても楽しかったです。**　● enjoy

　　◎「とても」はreallyを使ってみましょう。

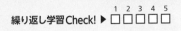

英会話のカギ

旅行や出張で滞在するホテルでは、できるだけ快適に過ごしたいものですね。好みの部屋や提供されるサービスについて会話ができたら最高です。例えば、「〜はありますか」はDo you have 〜 ?でOK。「〜の方がいいです」はI'd prefer 〜 .と言います。

CD2 31 Track 76

1 I'd like to **check in, please.**

🔍 動詞のcheck inはinを強く、名詞のcheck-inはcheckを強く発音します。

2 Can I **have a room with twin beds?**

3 What's **the check-out time?**

🔍 What'sはWhat isの短縮形。check-out timeはcheckを強く発音します。

4 This is **my confirmation number.**

🔍「予約の確認番号」のことをconfirmation numberと言います。

5 I'd prefer **a nonsmoking room if possible.**

6 Do you have **a room facing the ocean available?**

🔍 availableは「空いている」、「利用できる」という意味でしたね。

7 How much **do you charge for valet parking?**

🔍 ホテルで車を預かり駐車場に運ぶサービスをvalet parkingと言います。

8 Could you please **call a taxi for me?**

🔍「〜用に（for）タクシーを呼ぶ」と考えます。

9 We really **enjoyed our stay.**

🔍 enjoyの後ろにour stayなどの目的語を忘れないようにしましょう。

第1章 定型フレーズ編

第2章 文法活用編

第3章 日常会話編

観光を楽しむ

▶▶▶▶ 観光地では写真を撮るのが楽しみですね。写真を撮ってもらうときに使う会話フレーズを中心に練習しましょう。

□ 1 **あそこ、面白そうだよ。** ○ interesting

@ 「おもしろく見える」と言います。

□ 2 **セントラルパークには43番バスで行けますよ。** ○ We can ~

@ 「バスに乗る」はtakeを使いましょう。

□ 3 **ここで写真を撮ろう。** ○ Let's ~

@ 誘う表現のLet'sを使いましょう。

□ 4 **写真を撮ってもらえませんか。——いいですよ。** ○ Would you please ~ ?

□ 5 **写真を撮っていただけませんか。——もちろんです。** ○ Would you mind ~ ?

@ mindの後ろには動名詞（～ing形）を使います。

□ 6 **写真をお撮りしましょうか。** ○ Would you like ~ ?

@ 「あなたの写真を私に撮ってほしいですか」と聞きます。

□ 7 **ワイキキビーチをバックに入れてください。** ○ We'd like ~

@ 「～を私たちの後ろにほしい」と言います。

□ 8 **こんな美しい眺めは見たことがありません。** ○ I've never seen ~

@ 「こんな～」はsuch ～を使います。

□ 9 **眺めのいいところに行って写真を撮りたいです。** ○ I want to ~

@ to不定詞の名詞的用法と副詞的用法を使います。

英会話のカギ

観光地での会話ではinteresting、beautiful、wonderfulのような感動を表す形容詞がよく使われます。また、観光地では写真がつきものです。おっくうがらずに思い切って「写真を撮ってもらえませんか」と頼んでみましょう。「写真」のことはpictureまたはphotograph（略してphoto）、動詞はtakeを使います。

CD2 32 Track 77

1 That place looks interesting.

🔍「興味深く見える」ということですね。

2 We can take the 43 bus to Central Park.

3 Let's take some pictures here.

🔍「写真を撮る」はtake a picture、またはtake a photo（photograph）です。

4 Would you please take our picture? ——Sure.

🔍「写真」はpictureまたはphotographと言います。

5 Would you mind taking our picture? ——Not at all.

🔍 mind は「気にする」です。「もちろん」はNot at all.（全然気にしない）を使います。

6 Would you like me to take a picture of you?

🔍 would like to 〜は「〜したい」、would like 人 to 〜は「人に〜して欲しい」です。

7 We'd like Waikiki Beach behind us.

8 I've never seen such beautiful scenery.

🔍「〜したことがある（ない）」という「経験」を表す現在完了形です。

9 I want to go to some scenic spots to take pictures.

🔍 scenic spotは「眺めのいいところ」です。

天気を話題にする

▶▶▶▶ 天候はIt's ～ . で表現します。晴れ・雨・くもりなどのキーワードを後ろに続ければ天気について簡単に話せます。

□ **1 今日は天気がいいですね。** ● The weather is ～

□ **2 今日は本当にじめじめしていますね。** ● It's ～

□ **3 今日は少し肌寒いですね。** ● It's ～

  ◎ 付加疑問文を使ってみましょう。

□ **4 ここ2、3日蒸し暑いですね。** ● It's been ～

  ◎「ここ2、3日」は過去から現在までのことを表すので現在完了形を使います。

□ **5 暖かくなってきていますね。** ● It's ～

  ◎ 比較級を使います。

□ **6 フロリダでは雪は降りますか。** ● Does it ～ ?

□ **7 今日は雨が降らなくてよかったですね。** ● Good thing ～

  ◎「Good thing 主語＋動詞」で「～でよかった」という意味です（UNIT 19の6、7を参照）。

□ **8 いい天気になりましたね。** ● It turned out to be ～

  ◎ turn out to be ～は「結局～になる」という意味の表現です。

□ **9 こんないい天気の日に家の中にいるなんてもったいない。** ● It's a shame ～

  ◎「It ～ to＋動詞の原形」の形を使います。「家の中に」はindoorsです。

英会話のカギ

繰り返し学習 Check! ▶ □ □ □ □ □

日常生活の会話では、天候・気候をよく話題にします。天候の言葉で、例えば、「暑い」(hot) や「寒い」(cold)、「晴れている」(sunny) や「雨模様の」(rainy)、「じめじめしている」(humid) や「蒸し暑い」(muggy) など、季節によって使い分けできるようになると会話が弾みます。

CD2 33
Track 78

1 The weather is **fine today.**

🔍 It is fine. とすると何が fine なのかが曖昧です。主語には the weather がベターです。

2 It's **so humid today.**

🔍 湿気が多い状態を humid と言います。「湿気」は humidity です。

3 It's **a little chilly today, isn't it?**

🔍 chilly は「肌寒い」です。

4 It's been **muggy for the last few days.**

🔍 It's been は It has been の短縮形。for the last ~は「過去~の間」という意味です。

5 It's **getting warmer.**

🔍 get ~は「~になる」です。

6 Does it **snow in Florida?**

🔍 snow は「雪」という名詞以外に「雪が降る」という動詞でもあります。

7 Good thing **it didn't rain today.**

8 It turned out to be **a nice day.**

9 It's a shame **to stay indoors on such a sunny day.**

🔍 It's a shame ~ . は「もったいない」、「残念だ」という意味です。

運転する・車に乗る

▶▶▶▶ pick up（迎えに行く）、flat tire（パンク）、driver's license（免許証）など、キーワードを上手に使って話しましょう。

□ **1 ドライブに行きましょう。**　◉ Let's ～

□ **2 お家まで迎えに行きますよ。**　◉ Let me ～

🔊「（車で）迎えに行く」はpick ～ upです。

□ **3 ガソリンがなくなってきています。**　◉ run out

🔊 現在進行形を使います。

□ **4 洗車をしないといけません。**　◉ need to

🔊 to不定詞の名詞的用法を使います。

□ **5 タイヤがパンクしたよ。**　◉ have

□ **6 車に乗せてもらえませんか。**　◉ Could you ～ ?

□ **7 運転免許証の期限が来月で切れます。**　◉ will

🔊 来月のことなので未来形を使います。

□ **8 もうすぐ車検をしないといけません。**　◉ have to

🔊「～してもらう」という意味の「get＋目的語＋過去分詞」を使います。

□ **9 電車に乗るよりもレンタカーを借りたいな。**　◉ I'd rather ～

🔊 I'd rather の後ろには動詞の原形が続きます。

英会話のカギ

繰り返し学習Check! ▶ □ □ □ □ □
1 2 3 4 5

アメリカでは車が生活に密着しているからこそ、車に関する話題が会話の中に頻繁に出てきます。go for a drive（ドライブに行く）やgive 〜 a ride（〜を車に乗せる）など、お決まり表現を覚えていきましょう。ガソリン（gasoline）は簡単にgasでOK。gas upと言えば「ガソリンを入れる」という動詞になります。

CD2 34 Track 79

1 Let's go for a drive.

🔍 「ドライブに行く」はgo for a driveです。go toの後ろは「場所」が来ます。

2 Let me pick you up at your place.

🔍 Let me 〜 . は申し出る表現でしたね。

3 We are running out of gas.

🔍 run out of 〜で「〜がなくなる」です。

4 I need to wash my car.

5 I had a flat tire.

🔍 flatは「平らな」。「パンク」は「平らなタイヤ」というイメージです。

6 Could you give me a ride?

🔍 give 〜 a rideは「〜を車に乗せる」という意味です。

7 My driver's license will expire next month.

🔍 expireは「期限が切れる」です。「有効（賞味）期限」はexpiration dateです。

8 I'll have to get my car inspected pretty soon.

🔍 have to 〜は「強制」の表現でしたね（UNIT 45の5を参照）。

9 I'd rather rent a car than take a train.

🔍 would rather A than Bは「BするよりもむしろAしたい」です。

UNIT 80

大学で話す

▶▶▶▶ アメリカの大学は集団討論やプレゼンテーションが多く、学生は講義中でも遠慮なく手を上げて質問をし、意見を言います。

□ 1 **経済学を専攻しています。** ● major

　　◎ 現在進行形を使ってみましょう。

□ 2 **集団討論は大嫌いです。** ● hate

　　◎「討論」はdiscussionを使います。

□ 3 **期末試験を受ける準備をしているところなんだ。**
　　● get ready

　　◎「準備する」はget readyを使いましょう。

□ 4 **統計学でAを取ったよ。** ● get

□ 5 **どんなアドバイスでもいただけたらうれしいです。**
　　● I'd appreciate ～

　　◎「あなたがくれるどんなアドバイスでも感謝するでしょうに」と考えます。

□ 6 **学期末レポートは今日が締め切りです。** ● due

　　◎ dueの後ろに日時が続きます。

□ 7 **その先生の言っていることはよく分かりません。**
　　● I have difficulty ～

　　◎ 関係代名詞what（～すること）を使います。

176

英会話のカギ

繰り返し学習Check! ▶ 1 2 3 4 5 □□□□□

ここでは、成績のことや講義内容のことなど、大学生活の中でよく使われる会話表現を練習します。「専攻（する）」はmajorです。「レポート」はpaperでOKです。学内外の生活について、「キャンパス内」はon campus、「キャンパス外」はoff campusと言います。

CD2 35
Track 80

1 I'm majoring in Economics.

🔍 major in ～は「～を専攻する」です。

2 I hate group discussions.

🔍 hateはlove（大好きだ）の反対語です。

3 I'm getting ready to take my final exams.

🔍「期末試験」はfinalにsをつけてfinalsとも言います。

4 I got an A in Statistics.

🔍 ひとつのAを取ったのですから、冠詞のanをつけましょう。

5 I'd appreciate any advice you could give me.

🔍 adviceの後ろに目的格の関係代名詞whichまたはthatが省かれています。

6 The term paper is due today.

🔍 学校で提出する「レポート」はpaperでOKです。

7 I have some difficulty understanding what the teacher says.

🔍「have difficulty +～ing形」で「～するのに苦労する」です。

177

日本について話す

▶ ▶ ▶ ▶ 日本について話すには、日本のことを知っておく必要があります。
日本にちなんだキーワードを折り込んで会話練習をしましょう。

□ 1 **日本では初めて誰かに会うときはよく名刺交換をします。**
  ● business cards

  💬 「交換する」は exchange を使います。

□ 2 **日本では誰かにあいさつをするときにお辞儀をするのが習慣です。**　● bow

  💬 「It ～ to 不定詞」の形を使いましょう。「あいさつする」は greet です。

□ 3 **日本社会では年齢はとても大切です。**
  ● Japanese society

□ 4 **日本ではたいてい夜にお風呂に入ります。**
  ● take a bath

  💬 people を主語にします。

□ 5 **漢字を書くときには筆順がとても大切です。**
  ● stroke order

  💬 「筆順」は stroke order です。

□ 6 **沖縄は日本の南の島で、人気の観光地です。**
  ● tourist destination

  💬 主格の関係代名詞 which を使います。

□ 7 **焼き鳥は食べたことありますか。日本の料理は寿司だけではないんですよ。**　● cuisine

  💬 「経験」を表す現在完了形を使います。cuisine は「料理」です。

英会話のカギ

繰り返し学習Check! ▶ 1 2 3 4 5 □ □ □ □ □

習慣、食、地理など、世界中の人に日本のことを伝えてみましょう。「お辞儀（をする）」はbow、「名刺」はbusiness cardsでOKです。「大学入試」はcollege entrance examinations、「焼き鳥」「寿司」はカタカナ表記で問題ありません。

CD2 36
Track 81

1 In Japan we often exchange business cards when we meet for the first time.

🔍 for the first timeは「初めて」という意味です。

2 It is the Japanese custom to bow when they greet somebody.

3 Age is the keyword in Japanese society.

🔍 Age is very important in Japanese society.とも言えます。

4 In Japan people usually take a bath in the evening.

5 The stroke order is very important when you write kanji, or Chinese characters.

🔍 orは「または」ではなく「言い換えると」という意味です。

6 Okinawa is an island in southern Japan, which is a popular tourist destination.

🔍 destinationは「目的地」です。

7 Have you ever tried yakitori? Japanese cuisine is not just sushi, you know.

🔍 文末にyou knowと軽くつけ足すと、「〜なんだよね」という意味です。

趣味について話す

▶▶▶▶ 相手の趣味を聞く。自分の自由時間の過ごし方を話す。カンタンフレーズをきっかけに、深い話に進展することもあります。

□ **1** **趣味は何ですか。** ◐ What 〜 ?

◉ 趣味はいくつかあることを想定して複数で聞いたほうがいいでしょう。

□ **2** **暇なときにはふつう何をしていますか。** ◐ What 〜 ?

◉ 「暇」、「空いている時間」はfree timeです。

□ **3** **読書がとても好きです。** ◐ like

◉ 動名詞（〜 ing形）を使いましょう。

□ **4** **旅行が本当に大好きです。** ◐ love

◉ 「大好き」はloveでOKです。loveは人以外にも使えます。

□ **5** **よく映画を見に行きます。** ◐ often go

◉ often（よく）も頻度の副詞なので、一般動詞goの前に置きます。

□ **6** **私の好きなスポーツはバスケットボールです。** ◐ favorite

◉ 「スポーツ」の単数形はsportです。

□ **7** **K-popに夢中なんです。** ◐ crazy about

□ **8** **日曜日には友だちと料理をして楽しんでいます。** ◐ enjoy

◉ 「〜することを楽しむ」と言う場合、enjoyの後ろは動名詞（〜 ing形）です。

□ **9** **時には気晴らしが必要ですよ。** ◐ need

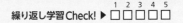

英会話のカギ

繰り返し学習Check! ▶ 1 2 3 4 5 ☐☐☐☐☐

英語でも話の種として、趣味や娯楽がよく取り上げられます。自分の趣味や娯楽について英語で表現できるようにしておきましょう。「〜することが好きです」にはlikeやlove を使います。「よく〜します」はoften＋動詞です。favorite（好きな）やcrazy（夢中だ）も趣味について話すときに便利な形容詞です。

CD2 37

Track 82

1 What are your hobbies?

2 What do you usually do in your free time?

🔍 頻度の副詞usually（ふつう、たいてい）は、一般動詞の前、be動詞の後ろに置きます。

3 I like reading books a lot.

🔍 Reading books is my favorite way to relax.とも言えます。

4 I really love traveling.

5 I often go to see movies.

🔍 go to the moviesとも言います。

6 My favorite sport is basketball.

🔍 favorite は「お気に入りの」という意味です。

7 I'm crazy about K-pop.

🔍「気が狂ったように夢中だ」ということです。

8 I enjoy cooking with my friends on Sundays.

🔍 on Sundaysのような時を表す言葉は通常文末です。

9 You need a change of pace sometimes.

🔍 change of paceは「気分転換」、「気晴らし」という意味です。

第1章 定型フレーズ編

第2章 文法活用編

第3章 日常会話編

スポーツを楽しむ

▶▶▶▶ スポーツは会話の手軽な話題にもってこいです。試合の結果、好きなスポーツなど、汎用性の高いフレーズを練習しましょう。

□ 1 **どっちのチームが勝っている？** ○ Which 〜 ?

🔢 現在進行形を使います。

□ 2 **タイガースがドラゴンズに 6 対 1 で勝ちました。** ○ beat

🔢 beat（打ち負かす）は過去形も同じ形です。

□ 3 **サッカーにはけっこう詳しいんですよ。** ○ familiar

🔢 familiarは「よく知っている」という意味の形容詞です。

□ 4 **メジャーリーグのことはよく分かりません。** ○ follow

🔢 followは「〜に興味を持つ」という意味の動詞です。

□ 5 **ほとんど毎日ジムに通っています。** ○ gym

🔢 「通う」はgoでOKです。

□ 6 **それは本当に番狂わせでした。** ○ upset

🔢 「本当に」はquiteを使ってみましょう。

□ 7 **テレビで相撲を見ていますか。** ○ watch

□ 8 **とてもおもしろい（相撲の）一番でした。** ○ bout

🔢 「（相撲の）一番」、「取組」はboutを使います。

□ 9 **あなたの国で一番人気のあるスポーツは何ですか。** ○ popular

🔢 最上級のmostを使います。

1 2 3 4 5
繰り返し学習Check! ▶ □ □ □ □ □

スポーツには独特の用語がたくさん出てきます。例えば、野球で「強打者」は slugger、「好プレー」はdazzler、「連勝」はsweepなど、挙げ出したらきりがありません。ここでは、スポーツ全般や趣味・娯楽にも共通して使える表現を練習してみましょう。

CD2 38
Track 83

1 Which team is winning?

2 The Tigers beat the Dragons 6 to 1.
🔍 チーム名など固有名詞の複数にはtheをつけます。

3 I'm quite familiar with soccer.
🔍 「サッカー」はfootballとも言います。

4 I don't really follow Major League Baseball.
🔍 Major League Baseballはアメリカのプロ野球リーグのことです。

5 I go to the gym almost every day.
🔍 gymはgymnasiumの略語です。

6 It was quite an upset.
🔍 upsetは「意外な結果」、「番狂わせ」のことです。

7 Do you watch sumo on TV?
🔍 「テレビで」はon TV、「ラジオで」はon the radioです。

8 It was a very interesting bout.

9 What is the most popular sport in your country?
🔍 形容詞の最上級にはtheをつけます。

お金について話す

▶▶▶▶ 値段・支払い・懐具合。お金の話題は尽きないものです。応用の利く会話フレーズを覚えておきましょう。

☐ **1** **お財布が寂しいの。** ○ I'm ～

◎「低い」、「少ない」という意味のlowを使います。

☐ **2** **チケットはいくらだったの？** ○ How much ～ ?

◎ 過去形のbe動詞を使います。

☐ **3** **現金で支払えますか。** ○ Can I ～ ?

☐ **4** **無駄づかいをしてはいけないよ。** ○ Don't ～

◎ Don'tの後ろは「浪費する」という意味の動詞が続きます。

☐ **5** **50円足りない。** ○ short

◎ Iを主語にします。

☐ **6** **洋服にけっこうお金をかけるんだ。** ○ spend

◎「お金をかける」は「お金を費やす」と考えます。

☐ **7** **それでお金をもらっているんですか。** ○ get paid

☐ **8** **オーストラリアに行くのに約2,500ドルかかりました。** ○ It cost ～

◎「～に行くために」はto不定詞の副詞的用法を使います。

☐ **9** **札幌に行く一番安い方法は何ですか。** ○ What's ～ ?

◎ cheap（安い）の最上級を使います。What'sはWhat isの短縮形です。

英会話のカギ

繰り返し学習Check! ▶ 1 2 3 4 5 □□□□□

お金について話をするときには、使う表現はある程度決まっています。例えば、形容詞では expensive（高い）、cheap（安い）、short（不足している）、動詞では pay（支払う）、spend（費やす）、cost（費用がかかる）、waste（無駄づかいする）、deposit（預金をする）、withdraw（お金を引き出す）などです。

CD2 39
Track 84

1 I'm low on money.
🔍 be low on ～は「～を十分持っていない」という意味です。

2 How much was the ticket?

3 Can I pay with cash?
🔍 アメリカでは治安の関係で現金を受け取りたがらないところもあります。

4 Don't waste your money.
🔍 否定の命令文は Don't で始まります。

5 I am 50 yen short.
🔍 short は「短い」という意味以外に「不足している」という意味もあります。

6 I spend a lot of money on clothes.
🔍 「～にお金を費やす」は spend money on ～です。

7 Do you get paid for it?
🔍 get paid は「お金が支払われる」「給料をもらっている」という意味です。

8 It cost me about 2,500 dollars to go to Australia.
🔍 cost の過去形は原形と同じ cost です。

9 What's the cheapest way to go to Sapporo?
🔍 「札幌に行くための～」は to 不定詞の形容詞的用法です。

185

UNIT 85

オフィスで話す

▶▶▶▶ 英米のビジネスでは「人と人とは対等」です。敬語はないので、上司に対しても言葉づかいに神経質になる必要はありません。

□ **1** **おはよう、メグ。調子はどう？** ○ How's ～ ?

📖「あなたに関して全てはどうですか」と言います。

□ **2** **休暇はどうでしたか。** ○ How ～ ?

□ **3** **休憩をしましょう。** ○ Let's ～

📖「休憩」は break を使ってみましょう。

□ **4** **すぐ戻ります。** ○ I'll ～

□ **5** **今忙しくて手が離せません。** ○ I'm ～

📖 仕事に縛りつけられているイメージで、tie（縛る、結ぶ）を使います。

□ **6** **風邪をひいたので、今日は休ませてください。** ○ I'd like to ～

📖「病欠を取る」は take sick leave です。leave は「休暇」の意味。

□ **7** **渋滞で、30分ほど遅刻します。** ○ I'll ～

📖「渋滞」は traffic jam です。

□ **8** **スミス部長、少しお時間をよろしいですか。** ○ could I ～ ?

📖「少しの時間」は a few minutes を使いましょう。

□ **9** **お先に失礼します。** ○ I'll ～

英語圏では、上司を名字ではなく名前で呼ぶ場合があります。もちろん英語にも丁寧表現はあるので、状況と雰囲気を考え、名字か名前かの選択をしましょう。「忙しい」はbusyやall tied up、「休憩する」はtake a break、「お疲れ様でした」はSee you.やHave a nice evening.です。

CD2 40 / Track 85

1
Good morning, Meg. How's everything with you?
How's everything? でもOK。

2
How was your vacation?
It was great!（とてもよかったよ！）などと答えます。

3
Let's take a break.
「休憩する」はtake a restとも言います。

4
I'll be right back.
I'll be back soon. でもOK。

5
I'm all tied up right now.
all tied upはvery busy（とても忙しい）のことです。

6
I'd like to take sick leave today because I have a cold.
「年次休暇」ならannual leaveです。

7
I'll be about thirty minutes late because of a traffic jam.
because of 〜は「〜のために」、「〜が原因で」という意味です。

8
Mr. Smith, could I have a few minutes of your time?
英語では仕事上の肩書きではなくMr. 〜やMs. 〜で呼びます。

9
I'll see you tomorrow.
簡単に言うとSee you. です。「お疲れ様でした」の意味でも使います。

第1章 定型フレーズ編

第2章 文法活用編

第3章 日常会話編

業務のやりとり

▶▶▶▶ 英語では、胸を張って積極的に話す姿勢が好まれます。前向きな態度や話し方で上司や顧客から信頼を得ることができます。

☐ **1** **企画の進み具合はどうですか。** ○ How's ～ ?

🔍 基本動詞comeを使います。

☐ **2** **この案についてどう思いますか。** ○ What ～ ?

🔍 「案」にはproposalを使いましょう。

☐ **3** **この点がよく分からないのですが。** ○ I don't understand ～

☐ **4** **今日、残業してもらえないかな？** ○ Can I ～ ?

🔍 「残業する」はwork overtimeです。

☐ **5** **この仕事は私には無理です。** ○ overwhelming

🔍 overwhelmingは「圧倒される」という形容詞です。

☐ **6** **この件については中村さんが担当しています。** ○ in charge of

🔍 「件」にはmatterを使いましょう。

☐ **7** **この書類を３部ずつコピーしてください。** ○ Could you ～ ?

🔍 「～のコピーを取る」はmake a copy of ～です。

☐ **8** **締め切りを１週間延ばしてください。** ○ Could I ～ ?

🔍 「締め切り」はdeadlineを使いましょう。

☐ **9** **一度慣れてしまえば簡単ですよ。** ○ get used to

🔍 「get used to＋名詞」で「～に慣れる」です。should（～するはずだ）を使います。

英会話のカギ

業務に関する英語は毎日繰り返して使われ、ある程度限られています。charge (担当)、document (書類)、proposal (案)、deadline (締切) など、基本単語をしっかり覚えておきましょう。アメリカの仕事の流れはトップダウンと言われながらも、上司が部下によく意見を求めます。部下もそれに対して堂々と自分の考えを述べます。

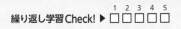

1 How's your project coming along?

🔍 企画が徐々に進み、仕上がる時点に近づいてくるイメージです。

2 What do you think of this proposal?

🔍 「どう思う」の「どう」にはHowを使わないように注意してください。

3 I don't understand this point clearly.

🔍 clearlyは「はっきりと」という意味です。

4 Can I ask you to work overtime today?

🔍 「ask + 人 + to + 動詞の原形」は「人に〜するように頼む」です。

5 This job is overwhelming for me.

6 Ms. Nakamura is in charge of this matter.

🔍 in charge (of 〜) は「(〜の) 担当 (係) だ」です。

7 Could you make three copies of each of these documents?

🔍 「3部ずつ」ですから「この書類」は複数形であるべきです。

8 Could I ask you to postpone the deadline for one week?

🔍 Could I 〜?はCan I 〜?よりさらに丁寧な頼み方です。postponeは「延期する」です。

9 It should become easier once you get used to it.

🔍 onceの後ろに「主語 + 動詞」がくると、「一度〜すれば」の意味になります。

お客様・取引先と話す

▶▶▶▶ 英語圏では会社とその顧客は、基本的に対等の関係です。変にへりくだることなく、自信をもって話すようにしましょう。

□ 1 **ご検討いただき、ありがとうございます。** ○ Thank you 〜

@ 「よく考えること」、「検討」はconsiderationです。

□ 2 **この辺で折り合いをつけましょう。** ○ halfway

@ 基本動詞meetを使います。

□ 3 **高田はすぐに参ります。** ○ will be with you

@ will be with youは「あなたと一緒にいるだろう」→「あなたの所へ行く」と考えます。

□ 4 **その型は品切れですが、発注済みです。** ○ out of stock

@ out of stockは「在庫がない」、「品切れ」です。

□ 5 **どのくらいしたら結果が分かりますか。** ○ How soon 〜 ?

□ 6 **それについてはお昼を食べながら話し合いませんか。** ○ Why don't we 〜 ?

@ 「〜について話し合う」はdiscussを使ってみましょう。

□ 7 **さらに詳しいことを教えていただければうれしいです。** ○ I'd appreciate it 〜

@ 「詳細」はdetailsです。

□ 8 **決まり次第すぐに折り返しご連絡いたします。** ○ get back to

@ 「折り返し連絡する」はget back to 〜という意味の決まり文句を使います。

□ 9 **もし他に質問がございましたら、いつでもご連絡ください。** ○ don't hesitate

@ don't hesitate（ためらわないでください）という否定の命令文を使います。

ビジネスの会話は、お互いに丁寧な表現を使い、かつフレンドリーな雰囲気で進めるのが大切です。「遠慮なく～してください」はPlease feel free to ～ . やPlease don't hesitate to ～ . です。appreciate（感謝する）という単語も便利です。信頼の証である握手やアイコンタクトは、よい関係を築くためにはとても重要です。

CD2 42

音声DL
Track 87

1 Thank you for your consideration.

Thank you for ～ . で「～でありがとう」となります。

2 I'll meet you halfway.

meet ～ halfwayは「中間で～に会う」ですから「妥協する」となります。

3 Mr. Takada will be with you in just a minute.

英語では自社の社員を呼び捨てにする必要はありません。

4 That model is out of stock, but it's on order.

on orderは「（まだ届いていないが）注文済み」という意味です。

5 How soon will I know the results?

How soon ～ ? は「どのくらいすぐに」ということです。

6 Why don't we discuss that over lunch?

Why don't we ～ ? は「～しませんか」です。Let's ～ . より若干ひかえ目な言い方です。

7 I'd appreciate it if you could give us some more details.

「もし～していただければ感謝いたします」というとても丁寧な言い方です。

8 We'll get back to you as soon as we make a decision.

as soon as ～は「～したらすぐに」、make a decisionは「決定する」です。

9 If you have any more questions, please don't hesitate to contact us anytime.

パーティーを楽しむ

▶▶▶▶ 「いただきます」という英語表現はないので、みんな黙って食べ始め、パーティーは知らないうちに始まっているのが欧米流です。

☐ 1 **本日はお忙しい中お集まりいただき、ありがとうございます。** ◖ Thank you 〜

📖 「お集まりいただき」は基本動詞comeを使います。

☐ 2 **ご自由にお召し上がりください。** ◖ Please 〜

📖 基本動詞helpを使います。

☐ 3 **何か飲み物を取って来ましょうか。** ◖ Shall I 〜 ?

📖 「何か飲み物」はto不定詞の形容詞的用法を使います。

☐ 4 **あなたの成功を祝して乾杯!** ◖ Here's to 〜 !

📖 Here's to 〜!は「〜を祝して乾杯!」という決まり文句です。

☐ 5 **何かキッチンで手伝いが必要ですか。――大丈夫よ。座ってゆっくりしていて。**

📖 「大丈夫」はfineでOK。　　　　　　　　　　　　◖ Do you need 〜 ?

☐ 6 **アンダーソンさん、ご結婚おめでとうございます!**

◖ congratulations 〜 !

☐ 7 **エヴリンさんとフランクさん、すばらしい結婚生活をお送りください。**

📖 「結婚生活」はmarried lifeです。　　　　　　　　◖ we hope 〜

☐ 8 **お越しいただき、本当に嬉しいです。** ◖ We are very happy to 〜

☐ 9 **今日はご招待をありがとうございました。とても楽しかったです。** ◖ Thank you 〜

📖 「とても楽しかった」は「素晴らしい時間を持った」と言います。

英会話のカギ

人に食べ物を盛ってあげたりお酒をついであげたりする習慣はないので、help yourself（自由に取って食べる［飲む]）というフレーズをよく使います。自宅でのパーティーではお客さんもキッチンやリビングでよく手伝いをします。Can I help you?とかDo you need any help?と言って手伝うことを申し出てみましょう。

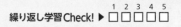

CD2 43 Track 88

1 Thank you **very much for coming to this party today.**

🔍 前置詞forの後ろは動名詞（〜ing形）にします。

2 Please **help yourself.**

🔍 Help yourself to 〜 . で「〜を自由に取って食べてください」という意味です。

3 Shall I **get you something to drink?**

🔍 Shall I 〜?は「〜しましょうか」という申し出の丁寧表現です。

4 Here's to **your success!**

5 Do you need **any help in the kitchen?**
——**I'm fine. Just sit back and relax.**

6 Ms. Anderson, **congratulations on your wedding!**

🔍 congratulations の語尾のsを忘れないように注意しましょう。

7 Evelyn and Frank, we hope **you will have a happy married life.**

8 We are very happy to **have you over.**

🔍 have 〜 overは「〜を家に招く」という意味です。have 〜 aroundでもOK。

9 Thank you **for inviting us today. We had a great time.**

🔍 inviteは「招待する」。Thank you for your invitation. でもOK。

第1章 定型フレーズ編 第2章 文法活用編 第3章 日常会話編

UNIT 89

体調と健康の会話

▶▶▶▶ 病状・症状の説明にはhave、薬を飲むにはtakeを使います。病気・症状の表現も取り入れて練習してみましょう。

☐ **1** **ひどく頭が痛い。** ○ have

📖 「ひどい頭痛を持っている」と考えます。

☐ **2** **鼻水が出てきた。** ○ have

☐ **3** **風邪をひきかけているのかも。** ○ may

📖 come down with ～は「(風邪などに) かかる」という意味です。

☐ **4** **足首を捻挫しました。** ○ sprain

📖 sprainは「くじく」です。

☐ **5** **春はいつも花粉症に悩んでいます。** ○ suffer

📖 「花粉症」はallergy (アレルギー) を使いましょう。

☐ **6** **ケガはしなかった？——はい、大丈夫でした。** ○ get hurt

📖 get hurtは「ケガをする」。応答文に注意してください。

☐ **7** **下痢の症状があるのなら、薬を飲んだ方がいいよ。** ○ take

📖 「下痢」はdiarrheaです。「(薬を) 飲む」はtakeを使います。

☐ **8** **昨日視力検査を受けました。** ○ have

📖 「have＋目的語＋過去分詞」 (目的語を～してもらう) を使います。

☐ **9** **彼は年のわりには元気です。** ○ in good shape

📖 shapeは「状態」です。「よい体調にある」と考えます。

英会話のカギ

繰り返し学習Check! ▶ 1 2 3 4 5 ☐☐☐☐☐

万が一、外国で体調を崩した場合は、自分で症状を医者に説明しなければなりません。例えば、I have a fever.（熱があります）やI have a sore throat.（のどが痛いです）など、簡単な症状を英語で言うことができたら安心です。また、持病や以前かかったことがある病気を英語で覚えておくとよいでしょう。

CD2 44
Track 89

1 **I have a terrible headache.**

🔎 headache（頭痛）の前に冠詞のaをつけましょう。

2 **I have a runny nose.**

🔎 runny noseは「鼻水」のことです。これもaがつきます。

3 **I may be coming down with a cold.**

🔎 mayは「かもしれない」。助動詞mayの後ろの現在進行形のbe動詞は原形です。

4 **I sprained my ankle.**

🔎 ankleは「足首」です。

5 **Every spring I suffer from allergies.**

🔎 suffer from ～は「～に苦しむ」です。allergyの発音は［**ア**ラジー］です。

6 **Didn't you get hurt? ——No, I didn't.**

🔎 否定疑問文に対する応答では、日本語の「はい」が英語ではnoになります。

7 **If you have diarrhea, you should take medicine.**

🔎 diarrheaに冠詞のaはつけません。「便秘」はconstipationです。

8 **I had my eyesight checked yesterday.**

9 **He is in good shape for his age.**

🔎 for his ageは「彼の年齢にしては」という意味です。

195

UNIT 90

トラブルに対処する

▶▶▶▶ 海外ではトラブルはつきものです。困ったときは、滞在しているホテルのスタッフや警察に英語で伝えましょう。

☐ **1** **困ったことになりました。** ▷ trouble

🔍 「困った状態の中にいる」と発想しましょう。

☐ **2** **財布を盗まれた！** ▷ steal

🔍 steal（盗む）の過去分詞形を使って受動態にします。

☐ **3** **(ホテルの)部屋の中に鍵を置いたままドアをロックしてしまいました。**

🔍 lock ~ out で「~を締め出す」という意味です。 ▷ lock ~ out

☐ **4** **たいへんだ！ 運転免許証を忘れてきた。** ▷ forget

🔍 「~するのを忘れる」は「forget + to不定詞」です。

☐ **5** **搭乗券がどこに行ったか分かりません。** ▷ misplace

🔍 misplace は「置き忘れる」、「紛失する」という意味です。

☐ **6** **気をつけて！ 怪しい人が後ろにいるよ。** ▷ suspicious

🔍 「怪しい」は suspicious です。

☐ **7** **パスポートの期限が切れてしまった。前もって更新しておくべきだったな。**

🔍 expire は「期限が切れる」。「更新する」は renew です。 ▷ expire

☐ **8** **おまわりさん！ あそこのブロックで、たった今車の事故がありました。**

▷ accident

☐ **9** **クレジットカードをなくしたようです。紛失届はどう出したらいいか分かりますか。**

🔍 「紛失を報告するために」という to不定詞の副詞的用法を使います。 ▷ lose

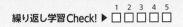

英会話のカギ

繰り返し学習Check! ▶ 1 2 3 4 5 □□□□□

盗難に遭っても泣き寝入りせずに、ホテルのスタッフに言って警察を呼んでもらいましょう。police reportを提出すれば、保険が下りる場合があります。「困っています」は「私はトラブルの中にいる」と捉え、I'm in trouble.と言います。「〜が盗まれた」は〜 was stolen、「〜をなくしてしまった」はI've lost 〜 .です。

CD2 45
Track 90

1 I'm in trouble.
🔊 I'm in hot water. とも言います。

2 My wallet was stolen!

3 I locked myself out.
🔊 車のキーを車内に置いたままドアをロックしてしまったときにも使います。

4 Oh, my god! I forgot to bring my driver's license.
🔊 bringは「持って来る」です。

5 I misplaced my boarding pass somewhere.
🔊 somewhereは「どこかに」です。

6 Watch out! There's a suspicious man behind you.
🔊 「気をつけて！」はWatch out! [**ワッチャウ（トゥ）！**]でしたね（UNIT 3の1を参照）。

7 My passport has expired. I should have renewed it ahead of time.
🔊 「〜するべきだった」は「should have＋過去分詞」です。ahead of timeは「前もって」です。

8 Officer! I just saw a car accident around the next block.
🔊 おまわりさん（police officer）に呼びかけるときは、通常Officer!です。

9 I think I've lost my credit card. Do you know what I need to do to report the loss?　🔊 loss（紛失）はlose（失う）の名詞形です。

第1章 定型フレーズ編

第2章 文法活用編

第3章 日常会話編

197

英語のニュアンスを知って言葉を選ぼう

　日本語と英語では単語の意味の範囲が異なります。例えば、日本語で「お客さん」と言ってもいろいろな種類のお客さんがいます。英語では、店のお客はcustomer、お得意さんなど依頼客はclient、滞在客や招待された人はguest、観光客や訪問客はvisitor、スポーツ観戦の観客はspectator、バスや飛行機の乗客はpassengerと言います。「お客さん」と言っても幅が広いですね。

　beautifulはThese flowers are beautiful!、She is beautiful!のように、花や女性が「美しい」など視覚的に気品や心地よさを感じさせることによく使われます。でも、実はそれだけではなく、スポーツなどの技のキレ、天気、スピーチなど、日本語で言えば「素晴らしい」とか「立派だ」と言うときにも使います。

　レストランで食事の最中に、ウエイターやウエイトレスがIs everything all right?（食事は美味しいですか）と聞いてきたら、お客さんはExcellent!とかGreat!と言って出された食事について褒めますが、その場面でBeautiful!（素晴らしく美味しいです！）と言うこともできます。

◆ フレーズを覚えたら、積極的に話そう!

　英会話は「基本」が大切です。本書で学んだ「定型フレーズ」→「文法活用フレーズ」→「日常会話フレーズ」を繰り返して練習すれば、必ず英語が瞬時に口をついて出てくるようになります。「話せた!」という喜びを感じてもらえれば、英会話の練習が楽しくなると思います。焦らずに少しずつ頑張りましょう。

　私の実体験から言えることですが、「意識的な学び」(learning)と「無意識的な学び」(acquisition)を組み合わせれば、英会話はさらに上達します。つまり本書で意識的に学んだことを、実際の場面で無意識的に試してみることができれば、自分の英会話力が実感できるはずです。

　海外旅行や国内にいる外国の人たちと交流するチャンスがあれば、本書で獲得した「英会話フレーズ」を試してみてください。英語は言葉です。話すことで初めて楽しさが分かります。

　また、英語で話すときには間違いを恐れてはいけません。子どもは間違っても一生懸命話そうとします。間違いながら少しずつ上手くなっていくのです。それと同じようなことが大人にも言えます。間違って当たり前というくらいの気楽な気持ちで、積極的に英語を話してみましょう。

●著者紹介

山崎 祐一 (ヤマサキ ユウイチ)　Yuichi Yamasaki

長崎県立大学教授。サンフランシスコ州立大学大学院 (英語学研究科・英語教育学専攻) 修了。専門は英語教育学、異文化コミュニケーション。米大学での講師などを経て現職。日米の国際家族に育ち、言葉と文化が不可分であることを痛感。数々の通訳業務や映画の翻訳にも携わり、依頼講演は800回を超える。NHK 総合や TBS など、テレビや新聞等でも英語教育や異文化理解に関する解説やコメントが紹介される。小中学校英語教科書著者。TOEFL (PBT) 673 点 (TOEIC 換算 990 点)、TSE (Test of Spoken English) スピーキング・発音部門満点、TWE (Test of Written English) 満点。著書に『ネイティブならこう言う！ 2コマでわかる日常英会話』、『英語がどんどん聞き取れる！ リスニング大特訓』、『ゼロからスタート英会話 英語の気くばり・マナーがわかる編』(以上、Jリサーチ出版) など。

カバーデザイン	中村聡 (Nakamura Book Design)
本文デザイン／ DTP	アレピエ
カバー・本文イラスト	福田哲史
編集協力	成重 寿
CD 制作	高速録音株式会社
音声制作	一般財団法人　英語教育協議会 (ELEC)
ナレーター	Jack Merluzzi ／水月優希

本書へのご意見・ご感想は下記URLまでお寄せください。
https://www.jresearch.co.jp/contact/

あいさつから日常会話まで
瞬時に話せる英会話大特訓

令和5年 (2023年) 3月10日　初版第1刷発行
令和6年 (2024年) 4月10日　　　第3刷発行

著　者	山崎祐一
発行人	福田富与
発行所	有限会社　Jリサーチ出版
	〒166-0002　東京都杉並区高円寺北 2-29-14-705
	電話 03(6808)8801(代)　FAX 03(5364)5310
	編集部 03(6808)8806
	https://www.jresearch.co.jp
印刷所	㈱シナノ パブリッシング プレス